青春点亮惠园

主　　编　文　君　张小锋
执行主编　李雨晴
参编人员　安秀英　梁丙鉴　王　淇
　　　　　吴乐芃　丁彦雯　刘　颖

对外经济贸易大学出版社
中国·北京

图书在版编目（CIP）数据

青春点亮惠园 / 文君，张小锋主编. —北京：对外经济贸易大学出版社，2021.8

ISBN 978-7-5663-2308-8

Ⅰ. ①青… Ⅱ. ①文…②张… Ⅲ. ①对外经济贸易大学–校友–生平事迹 Ⅳ. ①K820.7

中国版本图书馆 CIP 数据核字（2021）第 155889 号

青春点亮惠园

文 君 张小锋 主编

责任编辑：郭玉红

出版发行：对外经济贸易大学出版社
社　　址：北京市朝阳区惠新东街 10 号
网　　址：www.uibep.com
资源网址：www.uibepresources.com
邮政编码：100029
邮购电话：010－64492338
发行部电话：010－64492342
E-mail：uibep@126.com

成品尺寸：185mm×260mm
印　　张：16.5
字　　数：283 千字
ISBN 978-7-5663-2308-8
印　　刷：北京博海升彩色印刷有限公司
版　　次：2021 年 8 月北京第 1 版
印　　次：2021 年 8 月第 1 次印刷
定　　价：85.00 元

序

“国以才立，政以才治，业以才兴。”人才是一个国家兴盛、民族繁荣最为宝贵的战略资源。当今中国正处在中华民族伟大复兴战略全局和世界百年未有之大变局下，国际格局和国际体系正在发生深刻调整，全球治理体系正在发生深刻变革，国际力量对比正在发生近代以来最具革命性的变化。在此时代大潮中，国家对高素质人才的渴求更为强烈。为国家经济社会发展输送一大批高素质人才，成为高等教育尤其是“双一流”高校必须肩负的神圣使命、必须答好的“时代课题”。

对莘莘学子而言，对外经济贸易大学（简称“贸大”，又称“惠园”）是实现人生价值的起航之地，是他们振翅而举、四海拓业的筑梦之园。从这不大的校园里走出了一批政治家、外交家、金融家和国际商务专家，他们纵横捭阖，上下求索，在世界舞台上贡献着贸大人的智慧，发出了中国的声音。譬如大家熟知的贸大 65 届校友石广生，作为外经贸部部长曾于 2001 年代表中国政府在多哈签署中国加入世界贸易组织（WTO）协议，和他一同书写这段历史的还有时任外交部副部长、第二任首席谈判代表、55 届的校友佟志广，第三任首席谈判代表、63 届的校友谷永江等。又如中央政治局委员、上海市长龚正，商务部副部长兼国际贸易谈判副代表王受文，前驻美大使、博鳌论坛秘书长周文重先生，国际货币基金组织（IMF）首任中国籍秘书长林建海，常驻联合国教科文组织的代表尤少忠，等等，不胜枚举，他们始终奋战在对外开放的最前沿，为中国走向世界和世界了解中国贡献着智慧和力量。近年来，学校更加注重培养国际化领军人才和全球治理人才，成果初现，不少充满激情的贸大才俊，积极投入到联合国、WTO、亚太经合组织、丝路基金、亚投行等国际组织任职。2018 年，在中央电视台《百家讲坛》《我们的大学》录制的一期节目中，贸大校长以“贸易强国、特色立校——不得不知的贸大故事”为题，讲述了贸大的历史渊源、办学特色、人文精神和远景目标，演讲中指出的“汇聚中国最优秀的英才，聚集中国最好的教育资源，发出中国对外开放最新的学术声音，培养中国走向世界进程中最卓越的力量，这就是对外经济贸易大学”，引起了听众的强烈共鸣。这既是贸大引以自豪的优势所在，也是贸大必须戮力完成的使命所系。

实践是检验真理的唯一标准，人才培养质量是衡量办学水平的最高准则。贸大 70 年风雨兼程，每一代贸大人本着“教书虽繁必不敢省环节，育人虽重不敢减投入”的原则，以追求卓越、精益求精的精神，如且如磋，如琢如磨，培育了一批又一批具有家国情怀和国际视野的高素质人才，受到学生家长及社会各界的肯定和点赞。

2021 年上半年，正值高考学子填报志愿之际，华东师范大学 Gloscan（环球扫描）团队进一步创新评价方法，引入教育部学科评估结果变量，推出全新的《中国大学录取分数排行榜》（2021 综合指数版），引起了社会的广泛关注。对外经济贸易大学名列第九，为“前十大学”中唯一一所 211 高校，该榜单为反映高校近十年生源质量提供了重要参考。与此同时，中国薪酬指数研究机构发布的《2021 全国高校毕业生薪酬指数排行榜》显示，对外经济贸易大学位列前十。报告指出“尽管对外经济贸易大学薪酬指数排名第四，但毕业生平均薪酬全国最高，达到 11032 元，也是唯一一所超过 11000 元的高校。”对外经济贸易大学面对社会公布的《就业质量报告》显示，贸大本科毕业生和硕士毕业生的就业率持续多年稳居 98%以上，同时实现了高质量就业。以上所论，仅仅是贸大优秀毕业生的点滴，并非全部，但依然能反映贸大在人才培养上的特色和优势。

“数风流人物，还看今朝。”在贸大建校 70 周年之际，我们萃取 2019—2020 年来 70 多位贸大毕业生的事迹，以折射贸大优秀毕业生的群像。

“青春由磨砺而出彩，人生因奋斗而升华。”衷心祝福每一位贸大学子事业有成，衷心祝福贸大事业永续繁盛。

是为序！

張小瑋

2021 年 8 月

目　　录

党旗指引青春路

循序渐进登高峰

实践创新赢未来

风雨携手见彩虹

党旗指引青春路

张湛林：超越小我　成就大我

记者　张欣琦

张湛林，中共党员，中国语言文学学院2016级汉语国际教育专业本科生。曾担任大学生艺术中心秘书长，中文学院学生会体育部部长，现任中文学院本科生党支部组织委员。曾获北京市“优秀学生干部”、校级“优秀学生干部”“优秀共产党员”等称号，多次获得校级综合奖学金，参与国庆 70 周年庆祝活动并被评为“团队标兵”“优秀个人”。获 2016 年第二届“诵读经典，品味书香”北京市高校中华经典诵读大赛诵读三等奖。被选为第 22 届研究生支教团成员，毕业后将前往贵州支教。

百尺竿头当更进一步

张湛林回忆起四年前进入贸大时这样说道，“能够修读自己喜欢的学科，挺幸运的。”那时候他希望自己学习文学专业，因父母的建议转而填报经济类院校，最后却还是被贸大中文学院录取。

对于专业的学习，热爱语言文学的张湛林一直勤奋精进，不断提升，现已成功保研至贸大语言学与应用语言学专业。谈及学习方法和心得，他表示不仅要注重课堂上老师的传授，课下回顾内容，还要在学习过程中通过积累阅读逐渐形成自身的专业素养。“这样才能清楚地领会那些研究的创新点与意义。”张湛林认为学习中最重要的是一定要通过思考得出自己的见解，找到属于自己的学习方式，保证进行高效率的学习。

提到高效率，这一好习惯和张湛林在参与学生工作时得到的锻炼是分不开的。担任大学生艺术中心秘书长和中文学院学生会体育部部长的他，面临的最大挑战便是如何分配学习与工作的时间。张湛林坦言，自己负责的工作往往把时间填得很满，需要利用碎片化时间学习。开始的时候他也曾经感到不小的压力，但逐渐习惯这样的节奏后，恰恰是这种忙碌给予了他能力上的提高。“举办活动需要考虑到多方面的问题，从策划到现场实施，基本上都需要几个月的准备和努力，”张湛林说，“从中学会了很多提升效率和安排时间的方法，并且让我在学习时能够高度集中。”除了学习能力的提高，学生工作也为他带来了其他更多的收获。“通过做学生工作，我更有自信、更敢于表达自己的想法了。”以前的他不是一个会在小组讨论时提出自己观点的人，总觉得自己会说错，会被别人笑话。但现在他会挑战去做组长或者“领导”的角色，大胆提出自己的看法。

用严谨与虚心的态度对待学习，以认真和尽心为准则面对工作，从过往经历中不断汲取经验，张湛林从未停下前行的脚步。

践行担当亦成就大我

谈到大学期间印象最为深刻的一件事情，张湛林提起了参加国庆 70 周年庆祝活动合唱方队的经历。从六月份开始选拔，到七月份正式排练，再到十月一日站在天安门广场上，那一百多天辛苦又充实。“当天唱到最后一首歌《歌唱祖国》的时候，心里的自豪感真的是油然而生。”张湛林回忆道，“印象最深的是回学校路上碰到一对骑车出行的父子，手里举着写有‘辛苦了’三个字的牌子，那一瞬间特别感动。”这段记忆铭刻在他的心中，当时的自豪、动容与敬意已经成为一份难以忘怀的珍贵情感。“身处其中不需要言语，自然而然地就会感到骄傲，为国家骄傲。”

采访中，张湛林几次提到“希望自己多为国家和社会贡献一点力量。”生活里，他已把这样的想法付诸了实践。在这次疫情期间，他走进社区宣传防疫知识，帮助社区工作人员排查登记，并且协助年级辅导员进行防疫工作，利用线上会议为学弟学妹开展了关于职业生涯、学习规划等方面的讲座。聊到这里，他说道，“这半年来真真正正地感受到了人们的凝聚力，在大家的共同努力下，什么困难都过得去。”

青年担当责任，不仅是对“小我”的未来负责，更是对于“大我”，对于社会责任的担当。对于张湛林来说，“贡献自己的力量”已不是一个目标、一个命题，而是一次次的实践与行动。

保持热爱并不断前行

回首过去的四年，张湛林提到“热爱”二字。“不论是专业、活动还是学生工作，最重要的是要做自己喜欢的事情。”被问及对学弟学妹的建议时，他也说道：“可以尝试去接触各种新事物，体验过了才会找到方向。找到了方向，抱着一颗学习和热爱的心勇往直前，前路就会越发宽阔起来。”

着眼于即将到来的一年，张湛林表示期待在支教中尽自己所能满足学生们的探索欲和对知识的渴望，开阔他们的视野，给当地的教育带去一点改变。“支教一直以来是我很喜欢很乐意去做的一件事。我们支教团有一句口号就是‘用一年不长的时间做一生难忘的事情。’”对于更远的未来，张湛林也希望从事与专业相关的职业，与语言为伴。

前方可能道阻且长，但心怀责任便能拥有信念，坚持热爱方可化为动力。践行责任是青年的担当，追求热爱源于心中的执着。过去的时日里，张湛林踏实走下了每一步。展望前路，他将继续保持所爱，向接下来的目的地进发。

“其实坚定热爱也是坚定初心，在这条路上我们且歌且行。”

张倩红：跟着兴趣走　随波不逐流

记者　周鑫卓

张倩红，信息学院2015级电子商务专业，金融学双学位。中共党员，保研至北京大学法学院就读法律硕士。曾获国家奖学金、国家励志奖学金等7项奖学金，并获“贸大本科十大杰出学生”荣誉称号。参与创业项目“木心慢递”，获教育部主办的三创赛全国二等奖、北京特等奖，曾获第十三届企业文化大赛校级第二名。担任信息学院学生一支部组织委员，担任国家自然基金课题组助研，获评“优秀科研助手”。参与多个志愿活动，获评“优秀志愿者”称号。

初览张倩红的履历，在感叹她成绩优秀的同时，可能也会心生茫然：她的涉猎与成就过于广泛，以至于难以从中找到最亮眼的地方，一如难以在云销雨霁后的虹霞中找到最耀目的色识。于此，张倩红欣然坦言：“确立好大方向后，跟着兴趣走，多见多闻，这便是我的风格。”就这样，随心而行的张倩红，不断探索、不断尝试，进而走出了一条独具风格的成才路。

学习：注重通识，采百家之长

作为财经外语类高校的大学生，张倩红坦言，这样的环境对学生的通识学习提出了更高的要求。张倩红在坚持第一专业电子商务学习的同时，还选修了金融学双学位，此外还学习了公共管理学和法学的课程。“这是一种知识导向型的选择，”张倩红如此理解自己的抉择。

除了在不同的课程之间广泛涉猎，张倩红还积极地参与校园 EA 平台的各类讲座。“多聆听大咖的言论，视野自然就拓宽了，也就不易为名利所累，”她为此欣然笑道。

财经类高校的特色，往往在于帮助学生获得“一技之长”，使之尽早适应社会的大环境。而张倩红认为，非综合性大学的本科阶段同样应当重视通识学习，“这是一种深度与广度之间的权衡，大家应当在追求广度的同时，慢慢寻找适合自己的方向去挖掘深度。”不同院系间的转专业问题，也曾得到了张倩红的关注：“很多同学在进行专业的二次选择时会盲从潮流，选择热门专业。这并不理性，我们应当跟随自己的兴趣，做到‘随波不逐流’。”

以通识为基础，以兴趣为导向，不凝滞，不偏激，张倩红在不断的尝试中探索着适合自己的学习模式，并满载而归。

竞赛：未必准备好了才出发

当谈及竞赛时，张倩红特别回忆了大一初出茅庐时的经历。

“在大佬反应过来之前，就去找他们组队，”寻求组队的过程，给张倩红留下了颇为深刻的印象。作为大一学生，尽管在知识与经验方面存在不足，但张倩红却凭借主动尝试争得诸多良机。“第十三届企业文化大赛”是张倩红竞赛生涯的第一战，初出茅庐的她在学长的指导下取得了校级第二名的好成绩。对于初期的成功，她特意强调了“信息意识”的重要性：“进入大学，信息的收集与整理基本全靠自己。主动获取信息的能力对于大学生格外重要。”

张倩红认为，参与竞赛也是一个学习的过程，很多新的知识都可以在不同的竞赛话题中有所接触。有一次研究华为公司的企业文化时，一位学长采用的“文本分析法”曾给张倩红留下很深的印象：这种信息分析的方法从未在课堂与书本里见到过，却在研究企业文化时发挥了很大的作用。一边学，一边练，即使知识的行囊未曾充盈，张倩红也从未停下求是的脚步。

竞赛对于张倩红而言，是一段时停时行的旅途，收获之已有，而希望却未尽。

志愿：发现生活的未知面

张倩红的志愿生活，贯穿了整个大学四年。从第一次接触志愿到获得“优秀志愿者”的荣誉，她将志愿视作一种生活方式，并通过这种方式来探索那些未曾注目的角落。

当谈及志愿时，她回忆了自己参与 MCF（Migrant Children's Foundation）打工子弟助学项目时的一段难忘经历。“当和小朋友们画画时，发现一对兄弟默默站着，不怎么和别的小朋友玩。我便尝试在他们面前画了一只老虎，没想到他们之后照着画了许多一模一样的老虎，彼此玩得很开心，这才渐渐融入大家。”志愿中的苦与乐，从另一个角度充实着张倩红的生活。

彩虹的美丽，在于它不止有一种颜色。张倩红的高度，在于她不拘于一种格局。以社会的需要为基准，以自己的兴趣为导向，随波不逐流，独立而温和，张倩红在惠园的一方天地里，也曾留下了唯美的亮色。

陈亚宁：努力成为那个不可替代

记者　邵尧森

陈亚宁，中共党员，信息学院2016级信息管理与信息系统专业，辅修金融学双学位。曾获国家奖学金、校级优秀学生、学术研究奖等。曾获美国大学生数学建模竞赛二等奖、全国大学生数学建模竞赛二等奖，全国大学生电子商务“创新、创意及创业”挑战赛二等奖、中国“互联网+”大学生创新创业大赛三等奖等。现已保送至清华经管学院清华－哥大商务分析双硕士项目攻读研究生。

无惧未知，稳步前行

刚进入信管专业的陈亚宁并不了解这个专业的内容，甚至第一年的课程结束后，她也并不清楚信管所含有的价值和优势。但是，一年的努力却给陈亚宁带来了牢固的基础，让她在探索和前行的路上拥有足够的底气。在第一次接触到SQL数据库后，她开始逐渐意识到信管的作用和与其他学科的区别。

“作为技术和商科交融的学科，信管会培养出很多优秀复合型的学生。”陈亚宁阐释道，“借用陈国青教授的观点，信管可以分为‘造’和‘用’两部分，从‘造’的角度，信管虽也注重方法，但与计算机专业不同，计算机专业专注于方法、技术工具的精进，而信管以问题为导向，从经济管理问题出发，寻求技术解决方案；从‘用’的角度，信管做管理，更关注

系统的影响因素和管理问题。”陈亚宁结合自身经历和已学到的知识，为自己未来的职业规划选择了“造”这个分支，希望能够借助技术去解决实际的问题。

稳定的成绩是让自己在未来的路途走得更加从容的前提。陈亚宁不仅在信院具有难度的专业课中表现突出，同时还斩获了一众数学领域的竞赛奖项。“首先最好是有兴趣，即使没有太强烈的兴趣，也不要畏难。”她对于数学这类让大多数人闻而生畏的课程有自己的见解和方法——跟着老师节奏走，上课认真听讲，认真完成作业和拓展习题，明确所考知识点，在学习中培养知识框架。放平心态，按部就班地学习，是她保持优秀的秘诀。同时，体会不同课程、学科间的密切联系，坚实的数学基础对她之后的学习起到了不可或缺的积极影响。

打破局限，拓展眼界

学习之外，在企业内宝贵的实习经历是陈亚宁本科生涯的重要组成部分。实习，对于陈亚宁来说不只是锻炼自己能力的平台。“有时候我们会被自己有限的世界观限制住，以致无法超出自己的语言概念和有限的经验看世界。实习是一个重要且有效的方式，帮助我们拓展外部边界。”校园内的知识为我们提供了基础，而实习中的运用、实践则可以加深我们对职业、行业的了解，培养业务素质和能力。更可贵的是，陈亚宁清楚地认识到实习给人带来的视野上的拓展，并以此加深对自己的定位，使自己未来的路线愈发清晰明朗。

在互联网做数据分析的实习经历，不仅加强了她分析技术的能力，还加深了对她基本数据分析思维的培养，更重要的是让她对商务分析有了深入的了解——“数据分析是辅助管理和决策的重要手段，分析结果的准确性和针对性直接影响项目的运营，所以数据分析是一个很有价值的工作。”同时，她不仅仅只把视线聚焦于数据分析工作，满足于相对较为基础性的工作，“通过数据分析工作，提升运营思维，培养管理思想，是数据分析工作人员提高自身能力水平很重要的途径。”对于实习的选择，她的建议是保证成绩基础、不盲

目跟风，逐渐有针对性地选择与自己未来规划相关的岗位。

放眼未来，前程可期

5G时代即将到来，数据、技术的地位在当今愈发重要。用陈亚宁的话讲，大数据的产生是信息技术网络化发展的产物，在中国，经过二十多年的发展，网络上积存了海量的富有价值的数据，这些数据可以有效地表征用户的行为习性等具有价值的信息。挖掘这些数据背后的价值并用于决策和管理是大数据技术得到越来越多关注的原因。大数据为传统金融业提供了更多的指标、手段，但没有改变背后的定价交易等逻辑。作为信管专业的学生，并且有丰富的实践实习经验，陈亚宁对此深有感触："对于商科学生来说，首要的还是尽可能提高自己的专业素养，鼓励大家去学习一些技术类的课程，结合时代发展趋势，找准定位，成为不可替代的人才。"

从初入校园时的懵懂，到对专业有一定的认知，到从实践中探索出自己的定位，再到如今找准定位，对未来有所规划，陈亚宁一直怀揣着对未来的憧憬在未知的路上前行。对还在摸索中的学弟学妹，陈亚宁建议大家可以先从模仿做起，借鉴优秀前辈的经验，慢慢形成自己的思想，找准自己的定位，然后坚定前行。回顾大学生活，她深有感触："首先是认识自己，理清你的优先次序，知道你是谁以及自己相信哪些东西。能够在纷杂的信息中有辨别地感知和思考，始终有自己的节奏，不用害怕一脚踩空，也不用害怕走到别人的轨道上去，这种心如止水的状态对对抗焦虑感很有效。然后是自主性，一切的经历、波动都是为了让自己变得更完善和丰富，积极主动地选择想要成为什么样的人、过什么样的生活，同时以良好的心态面对当下的一些困扰，'飘风不终朝，骤雨不终日'，以长远的眼光审视生活。最后是执行力，执行力特别重要。"

她宝贵的经历就像我们路上的一盏明灯，虽然最终路还要我们自己去探索，去选择，但这盏灯能够为我们指明方向，帮我们避开路上的沟壑，增添我们前行的勇气。

"我们就耐心漂流……"

郑子旋：努力来源于渴望

记者　邵尧森

郑子旋，对外经济贸易大学统计学院2016级金融数学专业本科生，中共党员。在校期间获得优秀毕业生、校级优秀学生称号，获综合一等奖学金、全国大学生计算机大数据竞赛三等奖、海峡两岸全国市场调查分析大赛三等奖、全国大学生数学建模竞赛二等奖、国际金融工程师锦标赛中国区第四名、WorldQuant量化建模挑战赛金奖、对外经济贸易大学竞赛科研表彰奖、北京市诗词大会三等奖、对外经济贸易大学诗词大会一等奖、北京市人大好新闻评选二等奖等荣誉。最终选择去杜克大学继续深造。

求索之路，笃行之志

怀揣着对数学的热爱进入金融相关专业的郑子旋，刚开始更愿意把自己的专业看作数学而非金融。在辅修过其他类型的课程之后，他很快发现自己并不适合埋在报表、底稿中，因此他便坚定地将重心转移到了自己感兴趣并擅长的量化领域。同时，出国读研的决定也并非他的一时之思，甚至直到大二后半段学习开始之前，他也并没有很明确自己将来的方向。“逐步衡量我个人的资源和对比各种选择对于我的性价比之后，大二下学期我开始明确出国留学将是我的最优选择。”

确定方向后的郑子旋便着手为自己进行详细的规划——通过往届录取的成绩和自己的成绩预期分析自己出国申到名校的可行性，确定可行后着手拉高绩点并为自己定下阶段性的目标。为了达成目标，他坚韧的意志和出色的执行力也发挥了不可或缺的作用。“有一次连续学习了三十个小时。”郑子璇回忆起那段时光说道，“你有多努力取决于你对你的目标有多渴望。”无数深夜的孤灯仿佛越来越亮眼，为他照明前行的路，映出越来越近的远方。

博学为先，文艺其次

在数学方面颇有水准的人往往把数学、博弈、计算看作艺术，品味美感，享受其中，郑子旋便是其中之一。但他不仅仅局限在数学类课程之中，黑白交错，纵横棋盘的快感自幼便在郑子旋的心中生根发芽，他甚至考虑过成为职业选手。时隔多年，这位业余五段、国家二级运动员在大学里与朋友共同创建了围棋社团，课业之余，重拾棋盘上一招一式中蕴含的美感和快乐。

不仅如此，作为“理科生”的郑子旋也常常醉心于诗词歌赋的世界，这都为他在逻辑、数理的探索提供了宝贵的灵感。本科期间，郑子旋与他“嘉树”队中同为理科生的队友一路披荆斩棘，在贸大第一届诗词大会上夺得桂冠。在“飞花令”环节，更是与来自中文学院的队伍对决数局，展示了理科生在诗词方面的不俗造诣。

不拘框架，拓展前路

在打好成绩基础的前提下，郑子旋选择充分利用时间，为自己的简历不断增光添彩。“刚开始也是用科研助手、国创之类的比赛来填充自己的简历。”跟许多还处于本科靠前阶段的同学一样，郑子旋在大一、大二时大多是靠积极参加校内的项目和比赛来充实自己，并且以此为契机为自己争取实习的机会。

因为优异的成绩，他在清华大学的科研助手岗位申请中获得老师青睐，并在此科研项目中做出了较大的贡献——最终独自完成了报告中的所有图表及数据分析。谈及此次宝贵经历，他说这次经历不光让他明白经济领域与可持续发展间的密切关系，拓宽了他的选择面和未来的可能性，还让他接触到了富有含金量的前沿科研内容，真正使自己学有所获。更重要的是，在科研过程中，他不光结识了优秀的伙伴，收获了友谊，他们也在日后的学习、交流中给予了他更多的想法和机会，对他的发展起到了很大的积极作用。这次经历也让他在后期学校申请上多了新的选择和方向，最终他在经济学申请的比重甚至超过了他最初的金融工程（简称“金工”）和计量方向。

成才之木，荫以利人

“刚进大一时，学院第一的钟平学姐给予了我很多帮助。”谈及低年级阶段的经历，郑子旋感慨万分，“还有张艺砜学长的内推，让我获得了第一份实习机会。”他着重表达了对曾帮助过他的学长学姐的感谢。

他表示，在申请学校的过程中，优秀前辈给予他的帮助让他避免了盲目跟风，而是有计划、有目标地规划自己的未来。“我想要把曾经我得到的帮助给予我的学弟学妹们。”看到学弟学妹正经历着与自己当时相同或相似的处境，郑子旋更加想要将自己已经有的经验和资源倾囊相授，提供内推、尽力解答疑惑、提供各种咨询……为学弟学妹解决一些难题，避免他们无从下手或者盲目跟风从而多走不必要的弯路，帮助他们更好地在自己逐梦的路途上前行。“重要的是找到自己想要什么，然后明白未来达到这个目标应该怎么做，然后坚定地朝向目标努力。”

也许此刻我们能看到的前路还并不十分长远，但时时审视自己，目光始终朝向自己想要去的前方，踏实走好脚下的每一步，美好便会在未来某时翩然而至。

漆岱峰：越努力　越幸运

漆岱峰，对外经济贸易大学统计学院 2016 级金融数学专业本科生，中共党员，任统计学院 2016 级大班长、学生第一党支部支委，曾获综合一等奖学金、专业优秀奖学金，获校级优秀学生等荣誉，在暖流资产、亚马逊云计算、格灵深瞳等公司实习，现保送至北京大学汇丰商学院金融科技专业。

专业学习：奋斗是我的青春

作为统计学院金融数学专业招收的首批本科生之一，漆岱峰来自四川小城乐山，他在 2016 年的高考中发挥出色，得以来到惠园，成为一名 UIBEer，与这里的学子一起为未来而奋斗。那年他的高考分数正好是贸大在川录取线的最低分，差一点就与这所学校失之交臂。“在填志愿的时候其实没有什么偏好，就是照着往年的排名填上和我的高考排名相差不多的学校，而且那个时候最火的专业就是经济、金融和计算机，所以我报的学校都是这些专业相关的。”幸运的是，他被第一志愿专业录取，也就是目前就读的统计学院金融数学专业。从初出茅庐到保研北大，这样的幸运或许伴随了他整个大学四年。

“越努力，越幸运”，漆岱峰一直相信这句话。他在高考完的暑假预习了半本《数学分析上册》教材，为大学初期的学习打下了基础；在假期的每天早晨坚持背单词，为本科期间的四六级和 GRE 考试考取高分打下了基础；他在学校里刻苦学习，数次获得综合一等奖学金和优秀学生的奖励，最终保研到了北大汇丰。回忆大学的早期时光，他说：“刷夜是家常便饭，因为没有本专业的学姐学长可以咨询，整个专业的人都很拼，只有靠自己。”他还提到，那时候经常在快餐店学到 12 点以后才回宿舍，因为怕吵到舍友，开门的时候十分小心，打开门后发现宿舍没有其他人，大家都还在外面学习，互相较着劲。得益于这种拼劲，统计学院金融数学第一届本科生 30 名同学中，5 人前往北大继续深造，1 人考上复旦，1 人保研人大，1 人保研本校，出国的同学也都陆续收到了来自哥伦比亚大学、杜克大学、约翰霍普金斯大学、芝加哥大学、卡耐基梅隆大学、宾夕法尼亚大学等国外多所名校的 offer，初生牛犊们交出了一份合格的答卷。

“苦读百卷经史，不只为功名之资，学问里自有传承和坚持”，这句歌词出自许嵩的歌曲《书香年华》，初次听到这首歌的时候，漆岱峰还是一名为了考上好大学而努力学习的高三学生，到了大学后他明白，奋斗不只是为了考试，奋斗就是当代青年的青春。学习之余，漆岱峰喜欢听歌，“去了解歌曲背后的故事，很多歌手的歌词里讲述着自己的人生，听着别人故事的时候我就会想：我的人生会是什么样子呢？”

学生工作：以小我融入大我

“‘得其大者可以兼其小’，只有把人生理想融入到国家和民族的事业中，才能最终成就一番事业。”“把自己的理想同祖国的前途、把自己的人生同民族的命运紧密联系在一起，扎根人民，奉献国家。”作为年级发展的首批党员之一，漆岱峰同学不忘初心，认真学习习近平总书记的讲话。在他看来，从事学生工作，服务身边的同学，就是扎根人民的体现之一。他从大一起从事学生工作，陆续担任班级团支书、年级大班长的职务，大四的时候被选为统计学院学生第一党支部委员，开始接触学生党员相关工作。四年的学生工作不仅提升了能力，也让他与老师同学们结下了珍贵的情谊。“大一刚来学校的时候，辅导员邓文雯老师要负责本科四个年级的工作，特别忙，班主任也刚来学校工作。”在这种情况下，更加考验老师和同学们的耐心、凝聚力。在大一上学期的时候，漆岱峰作为团支书，组织全班同学到奥林匹克森林公园开展团建活动，通过室外运动游戏让同学们放松身心、增进友谊，进而更好地融入大学生活。

在四年的学生工作中，漆岱峰总是认真负责，兢兢业业，从不懈怠；疫情防控期间，他坚持工作，每天配合辅导员收集全年级学生的健康状况，在上午十一点前汇总上交。有时候会遇到同学忘记打卡、没有及时反映信息的情况，他就通过微信、电话等方式，一个个地找到同学提醒他们。“已经习惯这样找人了，从大一开始就这样，每次遇到要收集表格、统计信息的时候，总会有人忘，所以要一个个去找到。”他表示，这个时候大家也是相互理解的，人总会有忘记事情的时候，被找到的人也会立刻反馈，一来一去反而加深了同学之间的情谊。随着大家逐渐熟悉起来，班级的整体状况也越来越好，班级同学在各类学科竞赛上屡获佳绩，全班超过半数人在全国大学生数学建模大赛、数学竞赛、英语竞赛上获奖；在辅导员、班主任、全体同学的共同努力下，金数 1601 班获得了 2018 年对外经济贸易大学十大校级先进班集体的荣誉，并于 2019 年获得了北京市先进班集体的称号。

“只有把小我融入大我，才会有海一样的胸怀，山一样的崇高。”漆岱峰牢记习近平总书记的讲话，把个人奋斗融入集体事业、把个人理想融入时代主题中，坚持与集体同行、为人民奉献，不忘初心，牢记社会主义新时代青年肩负的使命。

学以致用：人才之成出于学

对于自身的专业方向，漆岱峰有比较深入的思考，不论是本科的金融数学，还是硕士阶段即将学习的金融科技，都是典型的交叉学科，需要学生掌握从宏观上的经济金融到微观上的数学、统计和计算机知识，学习任务十分繁重。作为统计学院的一名学生，如何学好和用好统计学一直是他思考的问题，他仍记得在统计学院 2016 级开学典礼上刘立新院长说过的话，“今天的统计学，就是要从海量纷乱的数据中去进行搜集、测度、挖掘，用数据说话，用数据做决策，用数据为我们的社会带来价值。”

在学校里，能用到的来自工业界的真实数据十分有限，而参加各种建模竞赛是接触真实数据的有效途径。漆岱峰热衷于参加学科竞赛，在竞赛中解决现实问题，让他能够学以致用，提高解决实际问题的能力。他曾获得全国大学生数学建模大赛北京市一等奖、全国研究生工业与金融大数据建模与计算邀请赛特等奖，优秀的竞赛成绩让他更迫切地想前往业界，在实践中去学习。

“因为真实的数据都在工业界，所以一直想去企业看看数据是怎么用起来的。”漆岱峰表示，他从大三开始就在准备实习，为将来的工作做准备。到目前为止，从金融公司到互联网公司，再到人工智能公司，他看到了不同类型公司在数据的记录和应用程度上的差异，“私募基金需要手工记录很多财务数据，都知道这些数据将来或许会派上用场，但是怎么用起来还是处于胚胎阶段，停留在几种基础的应用场景中，比如个人或企业信用的评估等。”而对于人工智能公司，他说：“数据就是根基，今年 4 月初，国家发改委已经发布意见，将数据作为一种新型生产要素写入文件，与土地、劳动力、资本等传统生产要素并列。”在他看来，关于数据作为生产要素的经济学研究还比较缺乏，这一领域需要经济学家和统计学家同心协力，推动数字经济的发展。数据作为一种资产如何交易，是否应该成立类似证监会的国家部门对数据交易做统一监管，这些都是将来需要解决的问题。

人工智能正在给社会带来价值，关于这一点，漆岱峰体会颇深。疫情期间，他所实习过的一家图像识别 AI 公司就迅速研发了一款快速测温智能识别系统，在北京西站、奥森公园、朝阳区政府大楼开启应用，为城市疫情防控提供了精准的大数据服务。另一方面，漆岱峰也认为，人工智能的目的不是取代人，而是为了让人可以更轻松地工作。“有一段时间流行一个段子，说人工智能没有让多少人失业，搞人工智能的先失业了。”这句话有调侃的意思，但也让他意识到，如果要从事相关领域的研究工作，门槛是非常高的。在实习期间，他自己也是抱着学习的态度去公司的，因为能力尚缺，自己做的贡献甚微，他希望未来可以继续学习，打牢知识基础，勤于探索、勇于突破，未来可以像公司现在做的事情一样，报效祖国、服务人民。

现如今，全球面临百年未有之大变局，面对未来的各种问题和不确定性，希望他能始终保持青年锐气，葆有青春的勇气，拥抱成长的灵魂，不断向上，逐梦追光。

（统计学院供稿）

兰森：在求索与笃行中提升自我

兰森，对外经济贸易大学统计学院 2016 级经济统计学专业本科生，中共党员。在校期间成绩优异，连续三年被评为校级优秀学生，曾获国家奖学金、光华奖学金、北京市三好学生等荣誉；曾任我校社团联合会外联部部长、统计学院乒乓球队队长，工作出色，获校级“社会活动积极分子”称号；作为年级首批发展的党员之一，曾担任统计学院学生第一党支部支委；毕业后将进入中国人民大学经济学院攻读西方经济学硕博项目。

“每个人都应怀揣梦想与远方，脚踏实地向前走，但同样不要忘了时常抬起头看看星空，感受当下的美好。”

学业与竞赛：从迷茫到游刃有余

“每次和别人说起我来自统计学院，都会被问：你们上的数学课是不是很难？”兰森笑着说道，“确实，各种各样的数学课没少虐我们，但正是强大的数理基础让我在进行更深层次研究时能够做到游刃有余。”但其实一开始，他也做不到他说的“游刃有余”。

2016 年刚进贸大时，兰森也曾经历过迷茫和痛苦，学院繁重的课业压力让他感到崩溃。即便在高中打下了良好的数学基础，但高难度的数学课程一门接着一门，压得他喘不过气来。那时只要一有空，他便到图书馆学习《数学分析》和《高等代数》，但即使学了很多遍，做了很多题，在遇到新题时他也还是发懵。兰森并没有就此放弃，他很快调整了过来，重新审视了自己的学习方式。他意识到，自己不能被新知识赶着往前跑，需要更多地去理解知识背后的逻辑，同时做好预习工作，这样在听课时才能更有效率，进入到一个良性循环中。逐渐掌握方法的兰森将成绩追赶了上来，并始终保持领先，大学四年，他的主要课程绩点达到了 3.88，名列前茅，陆续获得光华奖学金、国家奖学金等诸多重要奖项。

不满足于课程成绩的提高，尚有余力的兰森开始参加各类型的学科竞赛，在竞赛中夯实和提高自己的知识与技能。他知道，如果不加以运用，就无法真正掌握所学的知识。通过参加竞赛，运用所学的知识解决问题给他带来了很强的成就感，进一步带动了学习热情。在竞赛方面，兰森同样成绩优异，曾获得全国大学生数学竞赛三等奖、统计调查大赛三等奖、金融大数据建模特等奖等荣誉。“努力钻研专业知识、提高专业技能是学生提高自己核心竞争力的主要途径，核心竞争力的提高带来的改变是全方位的，具有很强的正外部性特征，能够让你在其他各方面都更加成功。”兰森如是说。

学生活动，课堂之外不一样的精彩

大一即将结束，兰森面临是否继续承担学生工作的选择。虽然学生活动会分散相当一部分学习精力，但是他最终还是选择了竞聘并成功担任社团联合会的外联部部长。提及原因，兰森说道：“因为社联有一群可爱的人，我很珍惜在社联获得的友谊。此外，我很想把学生干部踏实肯干、为同学着想的精神继续传承下去。”担任社联部长的一年，他参与了社联所有的大活动，不仅为同学们提供了丰富多彩的校园活动，而且积极与外校沟通、拓展合作、加深与京内高校的联系。在其担任外联部部长的那年，由外联部主办的高校社长论坛参与学校数量达到了历史新高，社团文化节也首次改成晚间举行，受到了同学们的广泛好评。主办大型活动让兰森收获了较强的组织和沟通能力、丰富的工作经验以及珍贵的友谊。面对学习和工作的双重压力，兰森合理分配时间，抓紧一切可以利用的时间进行学习，继续保持了优异的学习成绩，摘得了北京市三好学生的称号。他知道，大学与高中不同，不只有学习一件事情，除了学习成绩之外，综合素质水平的提高同样非常重要。而大学就是从温室迈向社会的第一步，在大学中可以更多地尝试不同的东西，拥有更多的可能性，同样也会学到很多课堂之外的技能。

以梦为马，立志探索经济领域

大三伊始，兰森对自己的职业前景和人生规划进行了深入思考，在与家人、老师的交流之后，对经济感兴趣的他最终确定下了保送研究生、在经济领域继续实现自己人生价值的决定。兰森认为，经济作为国家的重要软实力，对国家富强和人民幸福具有重要意义，因此他希望自己能够投身于祖国的经济建设当中，为民族的伟大复兴贡献自己的力量。但是本科阶段学的东西还不够，所以攻读研究生、继续提高学术水平对兰森来讲是实现梦想的必要一步。为了实现这个目标，他开始积极参与学术研究。

在大三那年，他参与了学院老师的课题组，由他撰写的学术论文被 CSSCI 期刊收录。凭借着优异的学习成绩和对经济学的深入思考，兰森成功通过了中国人民大学的夏令营考核，即将在本科毕业之后进入人大攻读西方经济学的硕博项目。即使目前因为疫情影响不得不留在家中，他也没有停下继续学习的步伐，而是广泛阅读中西方经济领域的文献，并积极修改完善自己的毕业论文，希望能够和导师合作将毕业论文发表在期刊当中。“毕业论文所做的工作还是很有意义的，我希望能够好好加以完善，如果能够发表在期刊上，将是我本科生涯画上的一个最完美的句号。”

面对未来的不确定性，兰森说道：“我们处在一个日新月异的时代，时常感到迷茫是十分正常的事情，这会激发你对未来的思考。但是最重要的一点就是要保持内心的坚定，拥有明确的目标，这个目标不是具体的，是稍微宽泛一点的，然后一步一个脚印朝着目标前进。其实我们应该感谢这个不确定的时代，因为这让我们的存在有了更大的意义。”

积跬成步、梦行千里，以梦为马，不负韶华，兰森用他坚定的步伐和对时代深刻的思考展现了贸大学子在新时代的风采，贸大人终将在国家建设中画下浓墨重彩的一笔。

（统计学院供稿）

蒋理：做外交事业的助力者

记者　朱濼睿

蒋理，金融学院2017级金融学硕士，中共党员，对外经济贸易大学第18届研究生支教团成员。于2018年提前被遴选为外交部定向培养生，并公派香港大学培训学习，毕业后入职中华人民共和国外交部。曾任金融学院年级大班长、校团委二三课堂运营中心主任，获对外经济贸易大学综合二等奖学金、研究生学业奖学金。曾获北京市优秀共青团员、校优秀毕业生、校优秀学生干部等荣誉称号。本科期间获第七届全国高校模拟新闻发言人大赛二等奖、2014“挑战杯”创业大赛三等奖。曾在安永华明会计师事务所、中国工商银行总行进行实习。

“每个人的未来都是光明的，不必有太多顾虑，也不需要有太多选择。留给自己的选项少一些，才是真正有选择余地的选择。”进入外交部是蒋理为自己做出的选择。对蒋理来说，这或许是一个一生的事业。有幸报国，不负少年。

承国家之志　少年星途有梦

关于外交部遴选的过程，蒋理最大的印象是“快”。从学院通知到决定申请，再从确定名额到准备考试，一套流程下来不过两三周的时间。“本科阶段是想去做金融的，”

蒋理坦言道。那时的他没有准备进入外交部，直到读研时外交部遴选的通知下发，蒋理才开始思考进入外交部的可能性。“我知道一旦考上外交部，就最好不要轻易改变这份职业。所以在认真的考虑之后，觉得自己有情怀、有理想，这个工作也是适合自己的。”这份带有家国情怀的工作，不仅需要长久的热忱与忠诚，还要接受背后的艰辛与不易。蒋理有过慎重的思考，也做好了奋斗一生的准备。在谈及此时，蒋理面色从容又坚定，眼中更闪耀着光芒，让人相信他就是那个命中注定的使者，即将承载一国之志，奔向遥远的征途。

而外交部公派香港大学学习的经历也使蒋理记忆犹新。四个月的时间里，受益于外交部和港大中文处的悉心安排，无论是日常学习还是参访活动，都使蒋理体验到一段与贸大不同的时光。全英文授课的环境、专门为通过外交部遴选的学生设置的研讨会、老师们偏重实操的授课内容、开放自由的校园氛围，这段难忘又开心的经历使蒋理在为进入外交部工作做准备的同时也收获了未来工作中珍贵的友谊。

历社会生活　成长引路人生

在蒋理的个人简历上，实习经历也同样丰富多彩。其中，中国工商银行总行的实习经历带给了蒋理很多感悟：“当你到了一个好的平台后，不仅周围的人都特别优秀，他们做事情的方法、对待他人的态度也都值得学习，而这个平台也会在无形中促进你个人的发展。”蒋理认为，每一段实习都会培养一个人快速学习的能力，紧促的时间安排和任务分配更会提高个人的实践能力。工商银行总行也曾是蒋理毕业去向的一个选择。对于放弃工行职位进入外交部这一决定，蒋理笑而无憾：“做自己喜欢的事情，走自己喜欢的路，有舍才有得。”

支教也是蒋理人生中颇为重要的一笔。身为对外经济贸易大学第 18 届研究生支教团的一员，他曾在本科之后、读研之前赴新疆生产建设兵团农六师五家渠第三小学支教一年。“给孩子们一扇窗，让他们看一看外面的世界是怎么样的。”蒋理明白，一年的时间无法为当地孩子们的知识水平和能力带去彻底的改变，但至少会带给他们一种对外部世界的渴望与新鲜感，送去更多的光明。正是这段经历让蒋理意识到，这个社会需要更多的人来承担一份责任。而他最终也选择成为这样的人，为社会、为国家奉献自己的力量，在祖国的外交事业中留下自己的身影。

忆精彩校园 从容不忘收获

本科阶段的学生工作也曾占据蒋理很多时间和精力，但是在这个过程中他也收获了很多成长。“在做学生工作的时候，无论是校团委老师还是金融学院的老师都给了我很多的帮助，他们做事情的态度和方法也为我提供了许多样板。”蒋理从老师们的身上学到了很多为人处事之道，也逐渐养成了自己处理事情的方法和习惯。“这也使我受益无穷。”对于如何合理调整安排自己的时间，他还幽默地以贸大“拥挤”的男生宿舍为例，笑称“只有当你住进去才会发现，这样狭小的空间居然可以住五个人。”“时间和空间是一样的，只要你想利用，总会是有的。”

在贸大的六七年里，时间赋予了蒋理更多的从容和稳重。他会在足球场上尽显竞争精神，也会在图书馆中求索笃行。贸大之于他，是学生时代的终点，又是新一段征程的起点。送走了惠园里曾经朝气蓬勃、认真求学的少年，迎来了意气风发、潜能无限的崭新人生。对于蒋理来说，有些事是在当下无法解释的。只有经历过时间的洗礼，才会逐渐明白那段旅程存在的意义。他不清楚未来的人生会有何种可能，但是既然做出了选择，那就把满腔的热忱奉献给祖国的外交事业，让时间给出最好的答案。

陈远航：大国外交　扬帆远航

记者　郭浩宇

陈远航，国际经济研究院世界经济专业2017级研究生，中共党员。对外经济贸易大学－莫斯科国际关系学院联合培养硕士，熟练掌握英语、俄语。在读期间参与3项科研课题，共发表学术论文7篇（其中CSSCI B类和C类各一篇，含接收），获2019年“十大杰出研究生”荣誉称号，获研究生国家奖学金、硕士学业一等奖学金。毕业后入职中华人民共和国外交部。

“大一进入贸大时，正赶上首届中俄三语实验班招生。”在陈远航看来，2013年是中国与俄罗斯双边交往史一个里程碑式的年份——在当选国家主席后，习近平主席出访的首个国家就是俄罗斯，并且去到与贸大有着密切合作的莫斯科国际关系学院发表演讲。满怀对未来的憧憬，陈远航在国贸专业之外也在惠园开始了第二外语的学习。

本科毕业后，陈远航考入我校国际经济研究院，他也跟从王志民教授走上学术科研之路。“选择王志民教授作为我的导师，真的很幸运。”陈远航坦言，导师在自己的发展道路上产生了深远的影响。“刚开始进行学术研究时，我是一个学术经历并不丰富的科研小白。”在导师的细致指导下，同时基于自己语言方面的优势，他针对俄罗斯以及其他丝绸之路经济带沿线与中国开展积极合作的国家进行了深入研究，积极参与导师主持的三项省部级以上课题并发表了一系列相关论文。“王教授曾多次向我强调，文章一定不能有硬伤。”陈远航一直牢记导师的教诲，在学术的道路上稳步前行。

研究生阶段，在莫斯科国际关系学院这所有着悠久外交官培养传统的联合培养经历，更丰富了陈远航对外交事业的认知和理解。同时，也正是这段经历让他在外交部面试中引起了面试官的极大兴趣。但其实，正如陈远航在“十大杰出研究生”答辩时说的一样，早在大一的时候，在经贸院的辅导员老师让每个新生制作“梦想文件袋”时，成为外交官的梦想就在他内心扎下了根。之后，他正是在用这些行动一点点靠近心中投身外交事业的目标。

在贸大的六年时间里，陈远航积极投身各类外交活动，服务我国主场外交，也为自己增添了更多的历练与经历。2017 年 5 月，“一带一路”国际合作高峰论坛在北京召开，“这是我第一次深度参与国家的主场外交，”陈远航对此感触良多。

“从 4 月开始就进行了多轮演练，上岗的那两天几乎是连轴转。”在峰会首日开幕式结束后，他们便从国家会议中心转场到国家大剧院，然后连夜赶往雁栖湖，准备第二天的领导人圆桌峰会。当时，全北京各高校共有 2500 余名志愿者，但只有为数不多的志愿者有机会去到雁栖湖国际会都的领导人圆桌峰会现场，负责医疗安全工作。“校报在报道我们志愿者的时候使用的标题完美诠释了我们负责的医疗安全工作：‘没有消息，就是最好的消息’。”作为外交工作人员，必须保持精力的绝对集中，时刻注意自己的一举一动。因为我们此刻代表着的是国家的形象，当遇见如各国元首和知名企业家这样“能够说出名字的人”的时候，必须注意好自己的言行举止，避免损害国家形象。

“对于外交工作的全程深度的参与感、归属感，给仍是学生的我们的心里留下了不可磨灭的印象，并深深地扎根在我们的心中。”作为我国外交工作的亲身体验者，陈远航即将离开贸大，迈入外交部大门。回首在惠园度过的时光，陈远航深情地感谢学院以及母校给自己提供的平台，让自己在六年时光里有了这样丰硕的收获。走出校门，他将承载母校与祖国共同的期望，在中国特色大国外交的舞台上，继续扬帆远航！

李义举：潜心学术　不问西东

记者 杜 蓓

李义举，金融学院 2016 级金融学（货币政策方向）专业博士研究生，中共党员。曾获对外经济贸易大学博士研究生国家奖学金、一等学业奖学金。在校期间负责和参与研究项目课题 3 个，共发表 5 篇 CSSCI 核心期刊，其中 4 篇为第一作者。2018 年 11 月，其论文《宏观审慎政策如何影响货币政策效应》入选中国金融学年会宣讲。因为发表论文的篇数达到毕业要求，提前一年获得博士生毕业资格，即将前往中国银行总行国际金融研究所进行博士后研究工作。

“善于宏观研究，撰写论文，具有较强的学术能力。能够熟练运用 SPSS、Eviews 等统计软件，能够使用 Matlab 编写基础程序，有较强的数据分析能力。”这是李义举在简历中的自我评价。在贸大求学三年，他坚持不懈，心无旁骛，以沉静之心做研究，成就了简历上这一份自信从容。

兀自求索，以坚持描绘宏图

对李义举而言，选择读博深造不曾伴随辗转反侧的纠结，而更像是一种顺理成章。“读研时曾发表过一篇论文，认为自己有一定的学术能力。当时临近毕业没有怎么为工作准备，于是就决定读博了。”谈及读博的选择，他淡淡地说道。于是，自此三年，李义举专注学术研究，心无杂念，不问西东。

博一一年，李义举没有成功发表一篇论文。伴随着一次次被拒绝的压力，他时常一篇论文反复修改数十遍，并进行大量的文献阅读。“有时压力太大就去操场上跑步，买一瓶冰水，想着着急也无济于事，于是就平静下来了。这便是读博最大的困难。”李义举谈道。当没有一篇论文顺利发表，而新的论文又毫无思路时，压力随之而来。这时很多人会产生质疑，会心念放弃。“这是一段必然的过程，努力坚持下去就好了。但是太多同学在这期间选择放弃，真的很可惜。”即使在最艰难的时期，李义举也从未质疑自己的选择。他心无杂念，潜心学术，一步一步坚持了下去。

正是得益于前期丰厚的积淀，在博二下学期李义举迎来了论文发表的井喷时期。仅博二一年，他就成功发表了 5 篇学术论文。专注写论文的时期总是紧张忙碌的，合理规划时间就显得极为重要。李义举会提前制定每一天的目标，并竭尽全力去完成，每日达成目标的成就感会激励着他不断前行。直到现在，当描述自己最完美的一天时，他仍会这样说：“最完美的一天就是完成当日目标的一天。”

心无旁骛，走过学术空窗期；厚积薄发，坚持每日向前行。李义举在学术研究的路上走得义无反顾又脚踏实地。他从没有感到自己遭遇了巨大的困难，也没有认为自己取得了多大的成就。在他看来，最纠结的选择就是论文的选题，最完美的论文就是还未写就的下一篇。回顾这三年，李义举未觉艰难困苦，反道一切顺利。

贸大相伴，以交流成就自我

“在贸大三年，我在专业上的进步是十分明显的，这得益于贸大优秀的老师以及丰富的学术资源。贸大浓厚的学习氛围是我进步的沃土，我在性格方面也因师门的优秀风气比入学之初更为沉稳。”谈及在贸大读博三年的变化，李义举这样总结。在贸大读博期间，他担任六次本科生及研究生助教，与老师、同学定期进行学术研讨，这些经历让李义举在学术研究方面获益匪浅。

博士期间担任一次助教就可以达到学校的要求，李义举却担任了六次。他坦言，助教的工作可以将大块的时间分隔开，使他不至于终日沉溺在论文的写作中，算得上忙里偷闲。不过，担任助教的经历也让他得以接触到许多优秀的学生以及看待问题的不同思路。“在担任助教期间，我遇见了许多优秀的同学，他们提出的问题给我带来了启发。在查阅资料帮助同学们解决问题的同时，我也得到了提高。”

做助教之外，李义举还十分重视与老师、同学进行学术研讨。博士时期学院会定期举办师门讨论班，以促进博士生与同学、老师进行学术思维的碰撞。师门班的讨论不仅为李义举的学术研究带来启发，还有效缓解了压力，同时定期汇报项目进程也对他进行了及时的督促。回顾学术研究的历程，他总结道：“博士期间对于文献的大量阅读是创新的基础，自己制定的计划与师门讨论班的定期举行都督促我打好研究的基础。”

无论是担任助教帮助学生解决问题，还是定期交流进行学术思维的碰撞，李义举在自我求索之余，以交流的方式为自己的学术研究带来了新的思路，成就了更好的自己。

三年读博，他兀自探求，以坚持到底的决心一路前行；身处贸大，他积极交流，以开放互助的精神成就自我。面对困难，李义举一贯冷静沉着，坚守最初的选择，心无杂念，坚持到底，相信长风破浪会有时。他的眼中没有辉煌的过去，只有更加光明的未来。

刘清泉：用开放的心，做喜欢的事

记者　伍丽铃

刘清泉，统计学院2017级硕士研究生。中共党员，统计学院学生第一党支部书记。在校期间获2016年度十大杰出学生、校级优秀学生、校级优秀毕业生等荣誉，获校级一等奖学金；获美国大学生数学建模大赛H奖、第五届海峡两岸市场调查与分析大赛三等奖；多次在校内外表演话剧、相声，参演话剧《远航》获第六届北京大学生戏剧节获最佳剧目奖。2017年保研至本院攻读硕士学位，即将就职于中国建设银行总行。

“我是谁？我是怎么构建的？从认知科学的角度来看，‘我’是一种幻觉，是人在和周围的世界接触中不断强化的幻觉。人是由其生活的各种模式定义出来的。”在被问到如何定义自己时，刘清泉介绍了美国学者侯世达的*GEB*和《我是个怪圈》两本书。他说定义自己涉及自我指涉，是可以从数理逻辑进行分析的。

回忆在惠园的六年，令刘清泉印象深刻的却是两件小事。一是平常大大咧咧的《远航》话剧导演在午夜和他们一起救了一位醉酒的路人；二是一次许多同学因事未参加的团建活动，班长用P图技术让所有人出现在了最后的大合照中。这两件事虽小，但都充满了温暖与温馨。“你可能会问为什么不是‘十杰’‘保研’这样的大事呢？其实这些事都是有一定程序的，是按部就班的，反而不会让你印象深刻。”生活中的小事情让他看到身边的人的美好，并能由此在细节上更好地完善自己。

身为一个天津人，刘清泉从小就对相声有着浓厚的兴趣，贸大没有单独的相声社团，只有挂名在非凡话剧团之下的相声大会，了解到这些，刘清泉选择加入了非凡话剧团，后来还参演了校史剧《远航》。“我们有个由学长学姐传承下来的不成文的规定，就是‘一旦入团，永远都不退团’。”有很多人认为社团活动占时间而不愿参加，刘清泉认为这还是看个人的平衡选择，不能把时间全部放在学习上。参加社团活动，不仅给生活增加一些光彩，也或许能给你未来带来更多的选择。“就像你做投资组合，你可能会把百分之九十投在债券上，因为它比较稳定。但是你还是会把百分之十投在股票上，虽然它的风险更大，但也可能会带给你更高的收益。”在保证学习的基础上，多做自己喜欢的事，保持开放的心态，往往会“无心插柳柳成荫”。

大三入党，本科时担任班长、团支书；研究生时担任学生第一党支部书记，刘清泉一直用心努力地做着党团工作——用心策划每一次活动，让其都能有声有色，有意义。努力调动同学们参加团日活动的积极性，让同学们认识到入党的严格性和重要性。他认为入党是政治上成熟的表现。现在有许多人觉得不入党也可以为人民服务，入不入党都无所谓。他是不认同这种想法的，因为当特殊紧急情况发生时，没有党员身份，就有理由逃避。党员不仅是一个身份，更是对自我的约束和监督。“如果确实有心为国家和人民做出贡献，并愿意为此奋斗终生，那就应该入党，这应该是水到渠成的事。”

刘清泉的性格谦逊而幽默，世界观简单且坚定。对于大多数人羡慕或自豪的保研和求职经历，他只是一笑而过，“大家的经历其实都差不多，网上可以找到很多相似的帖子。在贸大这么好的平台上，每位同学都有机会施展抱负。”最后，谈到想对学弟学妹们说的话，刘清泉提到的四点也是尽显个人性格：“好好学习，基础很重要。保证学习的基础上，拓展兴趣，快乐生活。多看看书。当你觉得需要护发的时候，忘了这件事吧，忘了这件事你会很快乐。”

人是一个怪圈，在与外界互动的不断反馈中创造自己。这个“自己”是真实的还是幻觉，需要一生去证实，这需要坚定的信仰和准确的自我定位。刘清泉还将继续探寻和奋斗，祝他成功。

张政：昂首拾级上，学成报疆乡

记者　郭依贝

张政，中共党员，2017 级公共经济管理专业硕士研究生。本科就读于对外经济贸易大学公共管理学院，期间曾任共青团对外经济贸易大学委员会宣传部执行部长，获北京市优秀学生干部等称号。本科毕业后参加团中央大学生志愿服务西部计划，作为对外经济贸易大学研究生支教团成员赴新疆第六师五家渠第三小学支教。曾实习于中国石油国际事业公司（中联油）、中国日报社、厦门海关、竞天公诚律师事务所等单位。即将前往国家开发银行福建省分行任职。

“无用之用方为大用。”这是张政在受采访时提到最多的一句话。正如他所说，大学生活让人眼花缭乱，当你不知道如何选择时，便只管踏实学习，大胆开拓，昨日的积累都会在明日为自己推开通向世界的门。大学期间，张政一直贯彻着这句座右铭，以“佛系”的心态潜心积累，拓展自己的边界。

谈及对这句话的理解，他认为学生可以尽可能地拓展自己的领域，探索无限可能。在变化多端的环境中很难预测未来情况，多读书、多体验、多积累，才能在机会来临前做好准备，才是赢得未来的关键招；在开拓边界的同时，也应夯实自己的“硬知识”，打造自己的“硬能力”。丰富的知识是他的垫脚石，多彩的经历是他的敲门砖。他不仅学习公共管理的相关知识，还结合自身专业的特点，另外辅修了法学双学位，通过司法考试；除此之外，他还充分利用贸大优质的外语交流平台，提升自己的英语能力，通过了剑桥商务英语高级资格考试，让英语技能成为求职时的“亮点”；作为学生干部，他积极投身校园活动，在其中锻炼自己、感受快乐。

当被问到上大学期间印象最深的一件事时，张政讲述了自己去新疆第六师五家渠

第三小学支教的经历：“当时之所以想得到去新疆支教的机会，是因为我的外公是一位兵团战士，小时候总听那边的故事，心里慢慢地也产生了感情。新疆于我而言，是‘第二故乡’，我希望能为自己的‘第二故乡’做点什么”。于是，他选择前往新疆支教，将自己的热情挥洒在那片黄土上，把自己的知识分享给那些孩子。当聊到这个话题时，他展示了当地孩子们的照片，从一张张清晰的影像中看得出拍摄者的专注。晴朗的天空下，孩子们纯粹的笑颜让人心里一暖，张政的思绪也好似飘回那灿烂的支教时光。

一分耕耘，一分收获。就业季，张政收到了工商银行总行、中国石油国际事业公司、国家开发银行福建省分行等单位发出的 offer。关于就业，他感触很深：“突然进入社会，找工作这件事给人带来的变化和冲击是特别大的，但同时它也让人在短时间内有个很大的提升，”他笑了下，“学生期间‘丧’一下就要休息，但未来需要人持续保持良好的工作和社会表现，这算是精神成长吧。”

与前往新疆支教一样，张政在研究生毕业后最终选择了去往自己更“亲”的地方。“可能没有特别的原因，就是对家乡比较有感情。”回家，是他最不需要解释的选择。他选择签约了国家开发银行福建省分行，在开发性金融这个特殊的行业开始新的旅程，继续发光、发热。“建设家乡是我的责任，希望能为家乡添砖加瓦。”这是他的选择，也是他的愿景。

采访的最后，张政结合他自身的经历，为学弟学妹们留下了真诚的寄语："'年轻人的日子是不夜的，但是年轻人的黄昏来得太早了'，这是我大学时期很喜欢的一句话，希望学弟学妹们能以饱满的活力迎接每一个挑战，抓紧时间、把握青春！"

乔晓双：拾级而上，是征途也是归途

记者　张欣琦

乔晓双，中共党员，国际经济贸易学院金融学专业2018级硕士研究生。读研期间在东兴证券研究所、北京江亿资本、申万宏源证券资管部实习。收到宁波银行、中国知网、中国银联、济南市发改委等9家单位的offer，最终选择通过选调生选拔在济南市发展和改革委员会就职。

上进：不断攀登

回忆起大学的四年，乔晓双表示，由于本科没有进入心仪的学校，所以那时候她很早就将考研定为了自己的目标。在脚踏实地、稳步前行的四年里，她找到了适合自己的学习方法，养成了诸多良好的学习习惯。所谓博观约取，厚积薄发，经过长时间的坚持与努力，她成功考研至贸大。

从本科到研究生，乔晓双没有停下脚步。读研期间，贸大注重实践的氛围给予了她很多影响。比起本科时，她获得了更多的实习机会。通过实习，她所学的书本知识被成功转化为实践中的经验。“第一份实习是在东兴证券，这次经历让我有了很大进步，”乔晓双说，“首先使用一些软件的能力有了提升，比如万得、大智慧。其次就是老师会从头到尾带着我们进行一个行业或者一个公司的研究，能够从中学到很多东西。”她表示在这个过程中，自己的思维方式有所改变，思考能力也得到了提高。

从研究生走向职场，她在前进的道路上继续加速。提到面试经历，乔晓双说一开始的时候她也遇到过不少困难。在收到第一家公司的面试通知时，她正在全力准备CPA考试。被迫抽出复习时间去参加面试的结果便是过于紧张，紧张则导致了失利。但随后她迅速寻找不足，调整状态。谈及心得，乔晓双强调了总结的重要性。经验的积累与总结，让面试也有规律可循。在应聘阶段，她最终取得了九个 offer。人生每个阶段的路途也许都不会一帆风顺，但若时时怀有一颗上进要强的心，行则终将致远。

选择：学成而归

最初从同学那里听说“选调生”的时候，乔晓双对此并不了解。后来有一次她参加了关于选调的宣讲会，听到前辈们讲述自己在就职地区运用法律、金融、农业等专业的知识为当地带去很多改变和帮助，将国家的各种政策落到实处，觉得很有意义。从那开始，她对选调生有了更多更深的认识。当被问及为什么最终选择成为一名选调生时，乔晓双向记者分享了她当时的想法与思量。“做出这个选择，我相当于是回到了自己的家乡。”她表示，在工作的前两年会去到基层，那里有很大空间供具有专业知识的学生来发挥。“比如我们可以帮助农民规划销售。因为当他们不具备相关知识的时候，把握不了市场价格的变化，就无法取得好的收益。”

刚开始没有确定就业方向时，乔晓双坦言自己也是“广撒网式”找工作。经过几次尝试，她逐渐吸取经验，更全面地看待就业问题。谈到就业，她提到自身规划和掌握信息的重要性。在没有头绪的时候，多询问多尝试，可以向前辈请教经验，利用好网络资源获取信息，然后根据自己的需要进行选择。面对已获得的 offer，她在多个选择中进行了慎重考虑。留在北京工作可以获得更好的资源，但选择选调，是带着责任和使命去帮助别人解决问题。做决定之前，她曾自问“什么对于自己来说是真正重要的”。“收入一定也是重要的，”乔晓双说道，“但能将自己所学用来解决实际问题，给自己带来职业上的成就感，为社会做出一些贡献更重要。”

前行：未来可期

回望在贸大度过的两年，乔晓双收获满满。通过实习增长了见识与能力，积累了很多工作方面的经验；在读研期间遇到了一群优秀的同学和好友；眼界更加开阔，思考方式也有了一定的改变……身为贸大第一批去往山东省的选调生，她表示自己将和其他高校的同学一起共同努力，体现贸大人的精神素质，给学校争光。展望未来，她希望自己能够在岗位上有所作为。“我也算是来自基层又走向基层，会更加抱有情怀。”

作为即将投身于基层工作的实践者，对于“青年学生如何用自己的力量为社会做出贡献”的话题，乔晓双也表达了自己的看法。“当我们处于还在上学的阶段时，可以去做公益、做志愿。如果没有机会去实施，唯一能做的就是好好学习，提升自身。各方面能力都提高之后，就能够增加今后实现自我价值和社会价值的可能。自身足够优秀，才能在机会来到面前时稳稳抓住，用自己的本领和学识去做对社会有意义的事情。”她也用“机会永远留给有准备的人”这句话寄语学弟学妹。

一路走来，她不断努力，拾级而上。对于乔晓双来说，前方算是归途，也是一段新的征途。过往流年皆可忆，走出惠园，她也将在另一处继续散发光芒。

任圣婷：博学勤思　向阳而生

记者　丁彦雯

任圣婷，国际经济贸易学院2018级硕士研究生，中共党员，CFA一级持证人，本科期间被评为山东省省级优秀毕业生，研究生在校期间荣获北京市优秀毕业生、国家奖学金、校级一等奖学金、“华为杯”第五届中国研究生数学建模竞赛三等奖。任圣婷先后于招商证券股份有限公司、中国工商银行总行、中信信托责任有限公司、中国东方资产管理股份有限公司实习，目前已获得中国东方资产管理股份有限公司录用资格。

“任何质变都来自量变的积累”

任圣婷大三就坚定地将对外经济贸易大学确定为考研目标高校，高度自律的大学生活让她养成了良好的学习习惯。回忆起考研，任圣婷说：“考研是一条用拼搏化茧成蝶的路。”漫漫长路必将荆棘密布，坎坷征途必将困难重重。一路上总有迷茫困苦的时候，任圣婷总能独自发现问题、解决问题，试着品味这份艰辛，赞美这段旅途。考研最重要的是坚持，所谓“善始者实繁，克终者盖寡”说的就是坚持的重要性。切忌开始时雄心壮志到最后却化为一盘散沙。感到疲惫的时候，回望初心，坚定信心，要相信念念不忘，必有回响。

君子博学而约取，厚积而薄发。从本科选择金融行业开始，任圣婷就不断地为成为一个金融人做准备。任圣婷坦言：“从事金融行业就意味着需要不断学习，财务、法律、科技等知识领域都要有所涉猎。”一方面，在从业过程中为了做好行业分析、公司基本面分析等，我们需要最大限度地调动主观能动性，主动学习相关行业的相关知识；

另一方面，国家的经济和政治是息息相关的，时刻关注国家新闻、政府政策也是身为金融人必备的修养。换句话说，金融行业是一个与时俱进的行业，时刻敦促着我们学习新的东西，从而不断自我提升。

谈及学习的经验，任圣婷说：“当认定一个目标并为之努力时，最重要的是学会精细地分配时间并严格执行。”以考研复习的日子为例，任圣婷每天的复习任务都安排得井井有条，每一天都充实地度过，按部就班地坚持，自然水到渠成。“尽管路途艰辛，但千万不要陷入自我感动。”任圣婷强调，“考研是自己做出的选择，忍受孤独、拒绝诱惑都是为自己的选择负责。”的确，好运来自努力，不是一次而是一直。考研带来的回报并不仅仅是一次性的，经过两年的历练，我们的知识储备更加丰富，视野更加开阔，路上每一次往复的疲惫和坚持都见证着我们成为更好的自己。

“机会总是留给有准备的人”

谈及秋招，任圣婷从简历、笔试、面试三方面分享了自己的经验，总结下来就是“机会总是留给有准备的人”。任圣婷坦言：“制作简历并不简单，要时刻做好被面试官针对简历中各个内容提问的准备。”任圣婷建议，可以提前准备简历的支撑材料，像梳理考试重点一样按一定逻辑整理履历，温故知新，做到对简历上的每个点都有独立的思考和发散延伸。在网申过程中也可以运用类似的方法，触类旁通，提前制作用于填写个人信息的文档，并不断地进行信息补充。在填写各个公司的网申资料时通过复制、粘贴之前准备好的个人信息资料可以大大提高投递效率。笔试应注重平时练习积累，尤其是有关行测的题目，以不变应万变。至于面试，首先要了解目标岗位的选拔标准，积累各类面试题型、案例，注意总结实战经验，面试后积极向同场表现优秀的同学请教练习方法和思考框架，“见贤思齐”也是快速提升能力的良方。总之，业勤于精，行成于思，时刻保持一颗求知笃行的心终会有所成。

任圣婷秋招应聘的主要方向是国有企业和各大银行总行，被问及原因时，任圣婷答道："希望选择与自身优势和性格相匹配的工作。"任圣婷建议，选择工作之前，可以先对目标岗位从长期、短期的发展等方面进行一个全面的权衡分析，从自身的优势及性格出发，思考自己适合的应聘方向，不要盲目跟风，一定要结合自身实际情况。如英国作家毛姆所说，习惯形成性格，性格决定命运。性格在一定程度上决定了一个人在选择工作时更看重性价比还是绝对收益，高回报还是低风险。如若暂时理不清思绪，可以尝试"海投"，多给自己一些选择的机会。

新经济风潮的出现，互联网科技的崛起及加入WTO是中国金融业在21世纪面临的三大严峻挑战，谈及金融业未来的发展，任圣婷充满信心，她说："科技带来的效应不是替代而是赋能。"任圣婷表示，或许传统金融业会面临科技进步带来的冲击，例如第三方支付中介的发展等，但这些挑战同时也在不断完善这个行业。科技与金融本质上并不冲突，相反，如果能够灵活运用科技手段，金融与科技的大规模碰撞合作将会改变世界的历史。

回首青春，着眼未来

回望与惠园朝夕相处的日子，任圣婷感慨良多，镂骨铭肌。扬帆起航的前夕，任圣婷留下了对学弟学妹的青春寄语：

"大家或许对未来早已有了规划，或许仍有迷茫和彷徨，亦或许现在的你正处于困境……但请相信，人生如棋，棋的好坏由自己决定，最佳的人生体验莫过于'逆风翻盘'。凡事不要太执着于结果，注重过程，体味细节，保持一种因上努力、果上随缘的心态才是最重要的。但随遇而安从来都不是不努力，而是竭尽所能之后的不强求。

请不断尝试、不断挑战。见贤思齐的同时，与其心生敬佩，不如自己便成为那样的人。因为从'你'到'更好的你'的这个过程，充满了无限可能。请坚信，路虽远，行则将至！

愿大家都坚定地奔赴在实现各自理想的路上，也祝大家心有所向，终有所得。愿有前程可奔赴，亦有岁月可回首。”

即将步入职场，任圣婷将继续践行自己的初心，保持“九十分的状态、六十分的谦卑”，不断去尝试、去挑战、去拼搏，去迎接一个更加自信、从容的自己。

王宁翼：不断复盘　汲取力量

记者　梁丙鉴

王宁翼，保险学院精算学硕士，中共党员，在校期间两次获硕士学业奖学金二等奖，2018 年中国大学生保险责任行调研数据分析大赛二等奖。研究生期间 GPA3.79，曾于中国人寿保险股份有限公司总公司、光大永明保险有限公司总公司、方正和生投资有限公司实习，即将入职中银保险有限责任公司。

不久前王宁翼完成了自己的硕士毕业论文，从紧张的毕业季抽身，她迎来了一段多年未有的闲适时间。最近她迷上了烹饪，跟着 B 站上的 up 主“美食作家王刚 R”一起下厨，承包了家中的一日三餐。“会做红烧排骨和鸡丝凉面了，”她笑着告诉记者。她刚刚在不久前的秋招中崭露锋芒，收获十余份含金量颇高的 offer。

“面霸”养成记

以银行和保险行业为就职目标，王宁翼从很早就开始准备秋招了，初次面试被安排在七月，八月时夏天尾巴上的一点余热还未褪去，她便收到了第一份来自浦发银行的录用通知。在那之后陆续又有多家大公司向她递去橄榄枝，在很短的一段时间里她就获得了足以艳羡他人的 offer。“心态放松，所以敢说，”她将自己秋招初期如此顺利的原因归因于此。然而，频频受到大公司的青睐也让她越发在意每一场面试的成败得失，逐渐失衡的心态让她在不久后遭遇了自己秋招的滑铁卢，那是农发银行的面试。

对于绝大多数求职者而言，中国农业发展银行都相当具有吸引力，王宁翼也不例外。她用了一周多的时间专门准备这一场面试，出身精算专业的她花费大量精力去了解了这家银行的业务和金融产品，不遗余力，只求万全准备。“特别想拿下来，”她这样形容自己当时的心情。听到这句话，不难想象当初王宁翼心中对这份工作的热切与渴望，可也许正是这样的心情让她的发挥失常了。当她终于来到面试现场，面对着十几位农发银行的面试官时，由于对自己在回答一个问题时的表现不满意，她眼角流下了几滴泪水。那一刻她心里是诧异的，她不知道自己为什么会哭，只是一边流着泪一边继续回答面试官的问题。待到面试告一段落，她脸上的泪痕都已不甚分明。尽管很快就控制住了自己的泪水，但这点情绪波动还是被面试官看在眼里，不出王宁翼所料地，她没能通过这场面试。

低落和失望随之而来，那之后的一段时间里，她再没找回之前意气风发的状态。王宁翼有坚持了许多年的健身习惯，每每胸有块垒，运动都会帮她排解心中烦闷，这次也是如此。某一天的傍晚，她在学校的操场上跑步，看着身处同一跑道上的跑者，王宁翼心中忽地有所明悟。“我匀速跑步的时候，总会超过一个又一个的人，可如果我停下来，很快就有人超过我，”说到这里时她的语速放缓了，似乎是在回忆什么，“我当时想到了‘竞争’，这就像是我和别人的竞争。”

那一天在惠园的操场上，她从应聘农发行失利的阴影中走了出来。根据王宁翼自述，在农发行的面试之后，她迎来了自己秋招的低谷，那段时间做什么事都不在状态。但此时这些都结束了，当她收拾好行装离开操场，往日的遗憾和纠结也被她一并抛在脑后。她觉得不能“停在原地”，她开始复盘自己曾参加的每一场面试，试图调整自己的心理状态。

“功利心太重了，”谈及参加农发银行面试时自己流下的泪水，她这样总结原因。总是想着一定要拿到 offer，因而在面试的时候患得患失，这样的心态给了她太大的压力。如今在经历了秋招的历练之后，她说所谓的面试，“只要展现自己最好的一面就可以了”。带着这样的心态，王宁翼踏上了秋招的后半程，不久后她参加了中银保险的面试。彼时的她还不知道自己最终会与这家公司结缘，但今天她仍清晰地记得面试那天的情形。第一轮面试是无领导小组讨论，同组的求职者中有很多都来自同一所高校，彼此间相熟的几人一开始就掌握了讨论的节奏，使剩下的组员们插不上话。这一次王宁翼的心态没有失衡，面对如此局面，她并没有急于发言，而是一边整理思路，一边默默等待展现自己的机会，最终也如愿以偿地拿到了录用通知书。回首秋招，对于手握一众名企 offer 的王宁翼而言，如何抉择也是一个幸福的烦恼。谈及最终选择中银保险的原因，她坚定地认为从事保险行业才能实现自己的价值。“保险是造福民生、稳定社会的工具，它通过庞大的数据量让千千万万个体的风险变得可以预测，”她这样解释道。

“酷女孩”

除了良好的心态与事前充分的准备，王宁翼秋招时可观的“战果”也得益于她丰富的实习经历。研一时她集中精力于学业，修完了大部分学分，在剩下的两年中她断断续续有 12 个月都奔波在实习企业与学校之间，在实务中操练专业技能。

虽然实习的经历让她收获颇丰，但这成果背后也有不为人知的汗水。最令她印象深刻的，是在方正和生投资有限公司的实习。这是她的第一份实习工作，初到公司第一天，便被领导安排独立完成一家金融公司的通报材料。对于一位实习生而言这可称是艰巨的任务，“我整个人都是懵的，”回想起那时候自己的无措，她的声调都提高了几分。

当时留给她的时间只有一周，尽管许多问题只能自行摸索，但想到这是自己申请的实习岗位，抱着“认定了就不遗余力地完成”这样的信念，她一心扑在了撰写材料上。初入职场，她便连续加了一周的班，成了办公室里最晚离开的那个人。那时候，每到晚上八点，公司的人基本都已经打卡下班，办公室的灯便会自动关上。面对着电脑显示屏冷色的荧光，王宁翼四周的工位都空了，背对着一片黑暗的她会感到一阵害怕。这时她便小跑着离开工位，“啪”地把灯打开，再投入到繁琐的数据和材料中去。每当她完成当天的工作，回到宿舍时已经是九、十点钟。舍友看着她苍白的脸，便知道她又加班了，这成了那段时间里她和舍友心领神会的默契。

“觉得自己还挺酷的，”回想起那段咬着牙写材料的日子，她颇为感慨地夸了自己，“当时不觉得酷，当时觉得辛苦和累都是应该的，现在想想还真挺酷。”她口中的“酷”应当是“认定了便不遗余力地完成”的劲头，后来王宁翼在光大永明人寿保险有限公司总公司实习时，这股劲头也有所展露。

在这家公司实习期间，她成为产品精算部的一员，这是和她专业所学最接近的一份实习。在校时导师便告诉她，就算是对口的工作，在学校所学的也远远不够，到了工作岗位上还是有很多新东西要学。即使对这一点早有准备，当她接触到课堂之外的产品定价模型时，还是为其复杂程度所惊讶。“我当时特别懵，我根本看不到那堆函数和公式之间的联系。”初次将专业所学应用到工作中，王宁翼便遇到了挑战。

然而转机也很快出现了，她硬着头皮在公司坚持下去，当实习过去一个月的时候，她感到豁然开朗。在这一个月里，她经手了许许多多的保险产品定价模型，用精算软件测算公司精算报告，协助开发了两款新产品并为其进行保单测试……做完这一切她再回过头去看起初令她头疼无比的产品定价模型，“这不就是我在学校学的东西吗？”她不由地发出这样的感慨。“老师说的没错，”她说，“但看透底层逻辑你就会发现，这些新东西的理论基础都是在学校学到的。”凭着那股不遗余力的劲头，她再次成为自己心目中的“酷女孩”。

当被问及印象最深刻的实习经历，王宁翼选择了自己在中国人寿的实习，原因在于这份实习“有留用机会，但我没拿到”。而对于印象最深刻的一场面试，她也选择了应聘农发银行失利的那场，这种带有缺憾的经历在她的回忆中占据着格外重要的地位。

“一件事情如果做成功了就不会觉得它难，而失败的经历则更有反思的价值，”她如此总结道。“反思”，采访中她不止一次地提到这个词。她清晰地记得某几位一同参加面试的求职者在哪些方面“表现很好”，她能想起自己遇到的哪几位面试官的提问“水平很高”，她会复盘自己在一场场面试中的表现，她会反思实习中自己没能“做到最好”的地方。事无巨细的情节被抽象成各种角色、各个行为的特征，而后活灵活现地呈现在她的回忆里，供她反复思量。这是她从小就有的习惯，无论是一次发挥失常的考试还是与友人生出的矛盾，她总会把过往的经历在脑海中复盘，不是为了停留在既成的过往，而是为了继续向前。

朱宸贤：青春的选择与担当

记者　梁丙鉴

朱宸贤，经贸学院 2016 级金融学专业本科生，中共党员，入围第十四届中国大学生年度人物。在校期间被评为北京市三好学生、校级优秀学生、校级优秀学生干部，获远东宏信奖学金、综合一等奖学金（3 次）。任经贸学院 2016 级年级大班长，2017 级班主任助理，团学联新闻宣传中心干事。曾于光大证券研究所实习；第 22 届“走近日企，感受日本”中国大学生访日团成员，参与康奈尔大学暑期交换项目、河北省三河第七中学支教活动，参演北京卫视跨年音乐会，参与央视《中国共产党成立 97 周年主题歌会》歌曲《中国梦》MV 录制；以高校美育作为主题获得国家级大学生创新创业训练计划一类项目；2019 年通过外交部人才选拔考试，即将赴外交部任职。

“仰望星辰陪我的是你，不曾向你表露的情意。让我的笑灿烂你的笑，你的骄傲就是我骄傲。”2018 年夏天，大二的朱宸贤在贸大的草坪上录下这支名为《再见同学》的歌曲 MV，一群即将毕业的学姐误入镜头，学士服长长的黑色下摆和粉色衣领在背景中虚化，为 MV 增添了几分毕业季的味道。两年过去，她从腼腆地在镜头前“比心”的学妹变成了让后辈仰望的学姐。挥挥手和贸大作别，她面前是更广阔的世界。

“不能给贸大丢脸”

《再见同学》的 MV 并不是朱宸贤参与完成的第一份音乐视频作品。2017 年秋，由共青团中央学校部指导，孙涌智先生策划的《中国梦》青春版 MV 开机。来自全国各地高校的大学生代表们汇聚在中国传媒大学，朱宸贤作为贸大的学生代表也参与了海选。

试音时，大学生代表们站成一排，每人只能唱一两句。孙涌智先生在他们面前走过，当场拍板决定眼前的学生是否合格。站在参选者的队伍中，身边的人都来自五湖四海不同的学校，朱宸贤作为贸大人的身份认同感空前地强烈。那时的她觉得“一定要在 MV 里留下对外经济贸易大学的名字”，最后的结果也如她所愿。提起这段为校争光的往事，今天的她仍有些许得意。

这样的心思在录制《再见同学》的 MV 时同样出现在朱宸贤心中。这首歌由孙涌智作词，杨嘉松、唐轶作曲，2018 年毕业季时在各大高校间传唱，但最初只有北京大学和中国传媒大学两所高校在分别筹备这首歌的音乐短片。朱宸贤得知后满心想着“贸大也不能落下”，虽然彼时的她没有自己制作 MV 的经验，但也迅速组建了自己的团队。今天上网搜索这首歌的 MV 时，还可以看到贸大、北大和中传三所高校的版本在网上流传。

对于朱宸贤而言，贸大人是她格外在意的一个身份。她说：“我觉得在校门之外，你是什么样，别人眼中的贸大就是什么样。”朱宸贤的实际行动也践行了这样的信念。在光大证券研究所实习期间，她被安排过撰写化工企业研究报告的任务。尽管面对着化工这样从未涉及过的领域，她只是告诫自己一定要做好，一心扑在各种资料和文献上。关于这段实习，她印象最深的经历是一次在学校听讲座时，研究所的上司发来微信，要求她修改研究报告。尽管修改意见密密麻麻，看得她倍感压力，但她也当即坐在地板上，抱着电脑修改起来。“不能给贸大丢脸”，这就是她当时的想法。她想通过自己的努力，让旁人见到贸大的优异。

“那是为国家做贡献啊”

第一次踏进外交部时，朱宸贤就没能控制住自己的眼泪，哭了出来。这时候离她初次考虑成为一名外交工作者，已经过去了四年。

朱宸贤和外交部结缘，应该从她高三那年说起。填报高考志愿时，她就认真地考虑过外交学相关专业，大学时外交部在贸大的宣讲则让她再次考虑投身外交事业的想法。被问及为何选择外交部时，“挑战性”是她的第一个答案。“在外交部，无论进入其下属的哪个司工作，都会面对综合性的事务，”她解释道，“我喜欢这种有挑战性的工作。”采访时，朱宸贤还多次强调这是份“为国家做贡献的工作”，每每提及此处，语气中都有些激动。

至此还不是朱宸贤钟情于外交部的全部原因。如果说能够报效国家使她对这份工作生出好感，兴趣引领她在外交事业这条路上踏出了尝试性的第一步，那初次踏进外交部时流下的眼泪，才是她下定决心在这条路上走下去的标志。

朱宸贤至今都记得特别清晰，那天的眼泪是为外交部的一支宣传片而流的。并非《战狼》式的“我武扬威”，也非《红海行动》式悲怆的牺牲，宣传片里只有一位位外交部前辈们对后来者的寄语。“看着看着眼泪就流下来了，”她这样形容那时感受，“看到那个片子的时候，才真正意识到自己也要去肩负起外交这样重大的责任，和这份工作背后的荣誉。”

记者很好奇，外交部的前辈们都留下了什么寄语，就此询问朱宸贤时，她却在短暂的沉默后说不记得了。对于彼时置身外交部中的她而言，聆听着前辈的教诲，一种丰沛而厚重的情感在她心中被引起共鸣，“只顾着哭”的回忆模糊了前辈的言语，如今回想时，却无比清晰地记得，“那是个重纪律、重能力的地方，那是群重纪律、重能力的人”。

在一个小时的采访中，朱宸贤多次用到“我觉得哈”。她有强烈的表达欲望，无论谈及什么话题，她总有清晰的观点想要表达，谈过之后又不忘谦虚地补充一句“只是个人一点想法”。她对每一段经历中自己的情感体验记忆深刻，敏感于自身情感的同时也善于共情友人的焦虑和不安。她总把“集体荣誉”挂在嘴边，用集体归属定义身份认同。她说这是一个英雄辈出的时代，马云是她口中改变了世界的英雄。她说好的商机就是为世界创造福利，商业的出发点也在于此。谈及上述观点时，她常常提及“社会”这样的字眼，她似乎比一般人更加相信宏大的叙事，相信个体的努力在时代浪潮下有不可估量的价值。中国金融系学生曾经陷入一场舆论漩涡，被人批判不务实业、没有社会责任感，可朱宸贤说：“我在为大家学，不为小家学。”

“为大家学”，带着这样的信念，朱宸贤在惠园度过了四年时光。她为给贸大争光严于律己，以自身优秀证明了贸大的优秀。她认为报效国家的岗位才能实现自己的价值，凭公民身份勇于承担。以小我奋斗成就大我风光，或许这就是朱宸贤的选择与担当。

革妙冉：蓬勃生活在此时此刻

革妙冉，统计学院2016级经济统计学专业本科生，中共预备党员。在校期间，革妙冉同学曾获校级优秀学生干部、校级优秀团干部、校级优秀学生记者等荣誉；连续三年在校党委宣传部广播台和统计学院学生会参与学生工作，大三同时担任台长和副主席，服务同学；多次担任北京市级、校级活动比赛主持人，曾两次代表学校面向全国高考考生及家长直播，播放量上百万；曾在云南省德宏州统计局实习，参与单位对口扶贫调研工作。现已获得华为、中信证券、宁波银行、联通华盛等公司offer，毕业后将进入华为技术有限公司。

越投入，越热爱

刚入大学的革妙冉并没有像其他同学一样填写很多学生组织的报名表一一面试，她目标明确：进入和个人爱好契合的广播台、加入能锻炼自己的院学生会。回顾三年在两个学生组织的学生工作经历，革妙冉总结到："我喜欢学生工作，越投入就会越热爱，而热爱正是很多奇迹的出发点。" 她认为学生工作的本质是为同学服务，各年级成员间除了职责外没有差别，应当用真心换真心。她常在宿舍里指导同学的推送排版，坚持每周出席体育部赛事排练，逐句逐段修改干事的音频节目文稿，给同学一遍遍纠音……因为她的耐心温柔，很多干事、部长都成了和她无话不谈的好友。

在统计学院学生会，革妙冉对微信公众平台的管理是出了名的严格，三年的宣传工作使她练就了"火眼金睛"，只要涉及文章内容错漏、排版疏忽等问题，她都会立即发现并指导改正。革妙冉还是学院的"救火队员"。因为学生会宣传部时常接到临时任务，需要有人做额外工作，在担任副主席的大三学年和离任后的大四学年，革妙冉也会毫无怨言地承担下这些任务：熬夜设计迎新海报、紧急制作诚信考试推送、带领团队采访优秀退休教授。虽然宣传工作辛苦，但当看到自己设计的海报贴在学院宣传栏上、所写的文章受到老师同学肯定，她认为一切付出都值得。革妙冉经常带领宣传部策划节日推送、出采访。她认为，好的文章从策划到执行，每一步都不能疏漏。她说，在多次采访老师和优秀学长学姐的过程中，最重要的不是写作水平的提高，而是接触到更多鲜活的榜样，不断激励自己也成为那样闪光的人。

革妙冉坦言，在惠园之声广播台，从中文播音员到台长的三年并不轻松，但正是这一路磨砺让她受益良多。大二时，革妙冉选择留任中文播音部部长。从假期准备迎新物料，到紧锣密鼓的招新宣传、面试和试用期，她将事情分阶段规划，每日每周汇总总结，两个月的招新工作进行得有条不紊。正是在这个忙碌的时期，她养成了在备忘录记录待办事项、将待办事项相关负责人微信置顶、每天睡前检查微信是否有未回复事项等习惯。不管是直播排班这样的小事，还是策划大型活动，她都认真对待，尽力让每个人都能在适合的时间做擅长的事。大三时，革妙冉担任了广播台台长。“信任与放权”是革妙冉从执行者到管理者的转变中最深刻的感受。她意识到，管理者不能事事包揽，应当给予同学充分的信任和一定的决策权。在策划学校开学典礼直播、校级朗诵比赛等活动时，她有意在各项责任划分上以旧带新，既给年轻成员充分的锻炼机会，又能实时跟进各项进度。

台前与幕后都是舞台

高中时，革妙冉就是广播站站长，喜欢用声音表达细腻的情感。进入大学后，惠园之声广播台给了她在直播间录制节目的温暖回忆，也给了她站上舞台担任主持人的机会。

和两位朋友合作的阅读类音频节目《闻来书香》是革妙冉在广播台最珍视的事物。她说，在这样年轻的日子里，这样忘我投入地为了一件以后看起来也许微不足道的小事努力的人，都是闪着光的。广播台更像是一个温暖的家，一群志同道合的人一起做着喜欢的事，这样的友谊纯粹又珍贵。

从简单的会议主持开始，在经历了从不会准备手卡到能带着新主持人上台后，革妙冉逐渐积累了主持经验。三年中，她多次担任学院院庆活动、学校开学典礼直播、学校五四朗诵比赛、三校联合新生舞会、市级音乐会、北京市大学生记者基本功大赛等活动和比赛的主持人，也多次代表学校参加人民日报、光明日报的外景活动拍摄。在 2017 年和 2019 年，革妙冉两次担任光明日报进对外经济贸易大学直播的主持人，面向全国高考考生和家长介绍学校各方面条件。2017 年是学校首次参与直播活动，虽然没有经验可以借鉴，但革妙冉在接到这个任务后并没有胆怯。她一遍遍重复记学校的相关信息，一次次和各拍摄点的老师沟通确定，多次根据更新的安排修改主持词，为这次直播做了充足的准备。直播结束后，总播放量超过了一百万。她谦虚地说，播放量代表的是家长和考生对学校的认可，她的主持只是一点微不足道的贡献。在主持“意象思路·龟兹盛歌”音乐会时，当音乐响起，站在台侧的她回头看向观众席，真切地看到大家欣赏赞叹的眼神，她不禁感叹也许这就是音乐的魅力。主持于她而言，并不是出名的方式，而是感受不同思维碰撞、发现不同看世界的角度的机会。

从播音员走到台前，大三时的革妙冉再次选择走到幕后，她希望能够给新成员更多的主持机会。大三时，她主动向党委宣传部老师申请，邀请专业的老师来给广播台的成员做专业播音主持培训。为加强广播台成员对培训的重视，革妙冉直接负责培训考勤、和老师沟通、时间场地安排等工作。“可能有人会觉得播音就是坐在小黑屋念稿子，我认为不是，我们的播音员应该全面发展，台前幕后都能发光。”为培养新主持人，她经常给同学们分享经验，盯着一句句改主持词，晚上带着同学在宿舍大厅练习，亲自陪女生去试礼服。当看到新成员自信地站在台上时，她比自己第一次主持还激动。

蓬勃生活在此时此刻

革妙冉喜欢伍尔夫的一句话：“人不应该是插在花瓶里供人观赏的静物，而是蔓延在草原上随风起舞的韵律，生命不是安排，而是追求。”不管是文理分科、高考报志愿这样的大事，还是其他生活中的小选择，父母都喜欢让她自己分析衡量后做出决定，这也培养了她独立坚韧、喜欢挑战的性格。

和许多同学一样，革妙冉也曾有过迷茫：出国、考研、就业，到底哪条路才是适合自己的呢？面对迷茫，她选择主动与师长交流，不断尝试喜欢的领域。她把学生工作、校级科研、专业实习、爱好发展都当做实践，在这些实践中逐渐发现自己的专长与适合的方向。

谈到大学四年中统计学院的培养，革妙冉充满感激。她认为，经济统计学既给予了她经济金融知识储备，又给了她扎实的数据分析能力，也使她做结论注重数据支撑、做事有条不紊，这都成为她求职时的优势。在云南省德宏州统计局实习期间，她跟随单位到挂钩扶贫村调研。她发现，真实的扶贫远比课堂、网络上了解的困难得多，村民的思想转变才是最难攻克的一环。基层的公务员为了脱贫攻坚帮扶群众，脚踏实地地奔波在村镇间。国家统计局发布的各项数据并不是冷冰冰的数字，而是一个个鲜活的个体为了生活努力奋斗的累积。在广播台组织的志愿活动中，革妙冉曾为盲人读诗、为边远地区儿童录制知识音频。看到盲人朋友们朗诵诗歌时饱满的精神状态和对生活积极的态度，她觉得自己也受到了感染，对生活充满热爱。这些经历使她认识到，不管境遇如何，都应该保持对事物的好奇心，找到热爱的事业，蓬勃地生活在此时此刻。

回首四年大学时光，革妙冉认为自己足够幸运，得到了老师们无私的帮助，认识了值得一辈子珍惜的朋友，获得了宝贵的学习和学生工作经历。回想起初入惠园的那天，西门的草地、惠中大道的蝉鸣仍能清晰地从她脑海中浮现。带着这些宝贵的经历，她将在新的天地蓬勃生长，就像那年夏天惠园的一草一木。

（统计学院供稿）

循序渐进登高峰

解恩泽：实践与理论并行

记者　李昕航

解恩泽，国际经济贸易学院2015级本科生，获得国际经济与贸易、法学两个学位。荣获综合一等奖学金、校级优秀学生、第八届全国高校本科生经济学年会优胜奖、第七届新时代中国青年经济论坛优秀学术代表、北京市商界企业文化案例分析大赛一等奖、第七届全国大学生电子商务“创新、创意及创业”挑战赛北京市特等奖、全国二等奖等。大三参营时并被北京大学经济学院、清华大学经管学院、北京大学国家发展研究院、北京大学汇丰商学院录取。今年他荣获我校“十大杰出学生”荣誉称号，即将前往北京大学国家发展研究院攻读博士学位。

“昨日种种，譬如昨日死。今日种种，譬如今日生。”解恩泽的昨日，是初入大学校门时的迷茫彷徨，在荆棘丛中摸爬滚打成为大一大二生活的主色调；大三时的重大转折便引领他的每个“今日”都朝着新目标不断进发，无畏且笃定。当初硬着头皮的选择竟成为意外之喜，一次偶然却成就了人生的最大转折。为焦灼与慌张的生活画上句点的是逻辑紧扣和平心静气的学术选择，学术研究的大门已然为他敞开。去北京大学的直博选择，便是他以绝对的诚恳、热爱和过硬的知识、能力填写的最佳答案。

“归零”：莫问来途，直追前路

“任何时间节点的历史都不足以将你完全定义，定义你的将是你面对历史所做出的思考与行动。”解恩泽在自己的公众号里这样写道。“进入大学意味着告别过去的一切，无论上一个结果是否如意，下面的故事还需从头开始。”解恩泽说道，他的故事往往都

是被学习生活伊始时的迷茫与成绩的打击，激起身体里那股不服输的劲，于是作为一名“厚积薄发”型选手，在满怀自信中迎头赶上便是他学习生活的常态。

“学习总不会错。”是他在迷茫时不断告诉自己的话。习惯了追赶别人让他在日积月累中不断沉淀，而这段超越跑的终点是战胜自己。“Flag 倒了还能立起来，倒了再立、倒了再立……”解恩泽笑着说道，“很多人的 Flag 倒了就躺下了、屈服了，我的规定破坏了没关系，第二天重新开始坚持就好了。”战胜自己需要坚持和一定的“轻松”，更要有重新再来的勇气。

选择：多维岔路，一心求索

万事开头难，无数次的碰壁无疑是所有人找准方向的必经之路，解恩泽也不例外。大一成绩落后时的埋头苦学和大二参加比赛时的积累经验都在无形中为后面道路的选择做了铺垫。当解恩泽同他人一样面临诸多岔路之时，一次误打误撞的选课，便被学术世界吸引了目光。教师、课程、兴趣、纯粹、情怀这些有形无形的因素如指路明灯，随着他研究的不断深入，一盏一盏悄然为他点亮。对于解恩泽来说，道路千万条，归属仅一个——学术研究。大众观念上的学术研究枯燥乏味，仅潜心钻研这一点便让很多人望而却步。但在解恩泽看来事实绝非如此，“所谓‘冷板凳’，只是大众心中的学术研究在口口相传中被定义成的样子，里面真正有趣的逻辑构建却是很多人看不到的。”解恩泽这样解释。大学生活前两年的迷茫无措迫使解恩泽大胆做出新的尝试，只为寻找真正属于自己方向。当原本与大众相同的、对学术研究的预设认知被打破，他从浅尝辄止到深入接触，一步一步挖掘、一点一点了解，兴趣便在心里生根发芽。他说：“第一印象固然重要，但最终的选择总要深入了解后再做决断。”诸多客观因素都不是他前进道路的绊脚石，兴趣才是最重要的原动力。幸运的是，他得以用这份动力找到了自己的归属。

笃行：志存心坚，砥砺奋进

当大多数人还在寻找方向，解恩泽已经开始在自己的道路上加速奔跑。大三那年，他连续投身多个夏令营项目，并最终以出色的面试发挥拿到了北大国际发展研究院等多个夏令营的录取资格。解恩泽说，他并没有为了哪场面试特殊准备，大家参加多次的模拟面试他也只参加了一次，他将更多的精力投入在了自己的论文上。面试前，他花尽了心思，反复地钻研修改，使得面试中关于自己论文方面的问题他都能对答如流，再加上对学术研究的绝对兴趣和热爱，他最终在众多面试者中脱颖而出。

面对多次重要面试，解恩泽总是抱着十分积极乐观的心态，这与他大一在辩论队对演讲和沟通能力的磨练是分不开的。谈及面对期末考试的心态，解恩泽笑着透露自己曾经买的一本复习书，取回来直接当了打游戏的鼠标垫。因为提前开始复习，就不会像很多人一样“期末几天学完一学期的知识”，所以就生出了打游戏的底气。而对于自己的学习方式或者自我观点的表达，他提到不愿意主动地影响别人，甚至不想无意识地侵犯个人意志。他在自己的公众号里分享观点与经验，但也希望自己写出的建议意见只是作为参考而非“标准答案”。“希望每个人都有自己独立的意志来应对每个人独一无二的境遇。”解恩泽这样说道。

对未来，解恩泽同样满怀期待。受导师的启迪影响，他更想成为像他导师一样的人，醉心学术，又不忘传承，带着为国献身的赤子情怀，在学术领域拥有一席之地。

人生中的波澜起伏如历尽千帆的方舟，于得意时乘风破浪，于失意时砥砺前行。“乘兴所至，心无旁及”坚定着他精诚学术的决心，“对不起，我要赢”激励他渡过困难瓶颈。“信息固然重要，但行动更加有效”鞭策他实践与理论并行。这条属于解恩泽的道路，他将走得更加笃定。

任倩惠：贸大新闻人的自主人生

记者 梁 铭

任倩惠，国际经济贸易学院 2015 级经济学荣誉实验班本科生。参与普林斯顿大学经济系、北大光华管理学院、国家行政学院助研工作，曾于联合国儿童基金会、罗兰贝格、凯度华通明略、中信建投证券实习。在校期间担任校新闻网记者团团长，多次获得综合奖学金，曾获美国大学生数学建模大赛二等奖及多项国创、挑战杯、惠园杯、经纬杯奖项。即将进入美国芝加哥大学哈里斯公共政策学院攻读硕士学位。

“人一定要想象西西弗斯的快乐，因为向着高处挣扎本身足以填满一个人的心灵。”在任倩惠看来，徘徊犹豫只会让人在原地打转，与其坐地空想，不如迎难而上。有意识地多方探查，奔波虽苦，却能在反复排除后留下真正的心之所向。

闯关荣誉：益友益自强

大学伊始，在学姐的鼓励下，任倩惠报名参加了经济学荣誉实验班的选拔考试，并成功入围。提起这个班级，她雀跃的神情里，满是说不尽的感激与自豪。初到荣誉班时，任倩惠坦言：“难免有不小的压力。”一方面，周围的同学都是优中选优，实力对比面临重新洗牌；另一方面，课程难度显著提升，英文原版教材、快节奏的课堂、大量的课后习题等，都需要快速适应。所幸，在共同的挑战面前，15 级荣誉班的 42 位同学们很快凝聚起来，分工合作，逐渐平稳地走出了过渡期。但这种互帮互助、团结向上的凝聚力，却一路保留了下来。“班里的同学都很乐于分享，大家有好的课件、最新的资讯，都会在班群里公开传用，从不藏着掖着。”尽管身边强者如云，她却认为“竞争激烈”在这里并不适用，而更多的是一种“良性激励”：大家各有所长和志向，互相尊重，有一股积极向上的正能量，让人“不自觉地想跟着一起往前冲”。在最新出炉的 2019 届荣誉班毕业报告中，无论是升学去向、科研成果汇报，还是竞赛奖项、学生工作事迹，都有她“添砖加瓦”的身影。在经贸院教师们的悉心教导和栽培下，任倩惠和她的同窗们用自己的行动和成长，注解“荣”光经贸，“誉”满惠园，为四年荣誉班学习生活画上了完美的句号。

三年坚守：贸大新闻人

从初出茅庐的一名普通学生记者，到当选采访部长独当一面，再到后来担任团长总揽全局，贸大新闻网陪伴任倩惠走过了三年记忆深刻的时光。回忆起在新闻网的点滴，她如数家珍：第一次出任务——专访一名来自古巴的留学生、第一次在官微发布自己的原创推送、第一次和“小黄人”们参加集体采访——奔忙于国际文化节的会场中、第一次获得北京市优秀学生记者的荣誉称号……“新闻网为我提供了一个非常宝贵的平台，我在这里获得了‘横向’和‘纵向’的开拓，是我大学生活中最浓墨重彩的一笔。”

作为学生记者的基本工作，采访和写稿给任倩慧提供了打磨文字功底、提升语言表达和沟通能力的绝佳机会；采访过程中接触到的不同嘉宾为她扩大了朋友圈和视野；新闻网团长的领导管理工作则更是锻炼了她的组织协调和抗压素质。2017 年 12 月，第七届首都大学生记者基本功大赛在我校举行，时任新闻网团长的任倩惠，在党委宣传部老师的带领下，组织全团积极筹备了一整个月。从联系学校代表队、评委，到准备试题、物资、场地，再到最后的彩排、布场，每天都是时刻待命。在微信列表中搜索“首记赛”，任倩惠的手机界面瞬间弹出了大大小小十几个通知群。“通常一打开微信就是几十条消息，随时准备着处理新的问题新的变动。”比赛前夜，结束最后一场彩排，任倩惠和其他同伴从求真楼走出时已是凌晨两点。他们在门口的宣传牌前合影，然后

相约五点起床，水房相见。“那是一段现在回想起来都热血沸腾的日子，每个人都憋着一股劲儿，斗志昂扬。”最终第七届“首记赛”圆满落幕，我校荣获“最佳组织奖”“特别贡献奖”。在3年的学生记者经历中，任倩惠为学校新闻网撰写和审核新闻稿近百篇，在《人民日报（海外版）》、人民网等发表文章……这些工作既推动了新闻网建设，也为她日后申请实习、升学提供了重要助力。“兵荒马乱，但收获满满。”任倩惠和新闻网，最终实现了相互成就。

思而行远：路渐探渐明

迷茫，是许多大一新生都逃不过的关键词。初入惠园，任倩惠也曾有过类似的烦恼，“除了毕业后打算出国深造，其他具体的问题都没想好。”但如今，回顾她大学四年走过的路径，却隐约可以看到一条主线：预设方向，周边探索，总结调整。进入荣誉班学习一段时间后，她逐渐感觉，相比经济研究，自己也许更偏好和适合从事将所学与实际相结合的工作，“更接地气、更快地得到反馈”。大二暑假，任倩惠选择了券商作为自己实习的起点，在那里她意识到，金融可能并不是自己的兴趣所在。在多方请教和考量之后，她转而尝试了市场咨询实习及管理咨询领域。几轮“试错”后，她的答案渐渐明朗：“我逐渐摸索出自己真正的兴趣落脚点：将自己所学的经济金融知识运用到政府项目的推动工作中，帮助公共政策更好地落地。”最后一份在联合国儿童基金会驻华代表处的实习，则更进一步地印证了她的想法。每次通过自己的专业知识和研究工作，帮助搭建起企业和公益机构之间的桥梁，“为世界带来一点力所能及的改变”，都给她带来满满的成就感和幸福感。当再一次站在人生的十字路口，任倩惠选择了芝加哥大学哈里斯公共政策学院作为自己进修的下一站。

在任倩惠的四年大学生活中，这类带有自觉意识的探索还有许多。她笑言自己是一个“很爱折腾”的人，这股折腾劲有时会让每天的生活“过得像打仗”。而同时，她又是一个热衷于“自扰”的人，不断地自我剖析、困惑、怀疑、自我否定、挣扎、突破。但如今，这些曾经的“折腾”和“自扰”是令她欣慰和感动的珍贵回忆。“在最年轻无畏的时光里，所有的可能我都尝试过了，没有太多的遗憾，前路也是自己选择得出的结果，很幸运也很幸福。我希望我的生命可以一直具备让我这么解析下去的能量，推着我一直向前进。”

“西西弗斯是幸福的，因为他找到了属于自己的石头。”

汪泱：进德修业为国光

记者　王丰羽

汪泱，外语学院 2015 级俄语专业本科生。四年综合排名位列全系第一，核心 GPA3.95。曾任党委宣传部校报记者团副团长。多次获得国家奖学金，国家留学基金委奖学金，校级综合一等奖学金，校级优秀学生，校弟子规奖学金，军训优秀学员等荣誉奖项。大三时国家公派至俄罗斯国立人文大学交流访问，并作为中国青年代表参与第十九届世界青年联欢节。现保送至北京大学燕京学堂中国学（经济与管理方向）硕士项目并获全额奖学金。

作为一名学生，她力求学业的尽善尽美，达到自我的问心无愧；作为一名记者，她想用手中的纸笔镜头，书写深度的社会故事；作为一名青年，她愿尽个人的微薄力量，服务自己的国家人民。“励我学术拓我荒，进德修业为国光”，汪泱如愿达成了自己的大学目标，不断积极进取，努力向上。

作为一名主专业俄语、双学位会计学的优秀学生，汪泱具有过硬的专业素养。谈到就读俄语专业的原因，她说：“俄语是联合国官方语言之一，也是协助‘一带一路’建设的重要语言工具。我想为国家的对外交流做出自己贡献，所以选择了俄语专业，期待在未来能为国家冲在一带一路与全球治理最前线。”“有借必有贷，借贷必相等”，会计学严谨的逻辑让她受益匪浅。深入的会计学学习为她分析事物打下了整体观的构思框架，提供了更周密详尽的处理方法。“会计学是一个实事求是的学科，它求真，求实，求准，让我更深刻地理解了我们贸大校训中的‘诚信’这一点。对就是对，错就是错。会计学的学习，不但让我掌握了具体的操作方法，更培养了我抱诚守真的品格，让我收获颇丰。”

在校期间，汪泱积极参与校园活动，其中，在校报记者团的经历让她感触最深。真实的新闻，正确的舆论，优秀的报道，是她作为一个媒体人的准则。对她来说，当记者最迷人的一点就是可以了解社会的各个方面。“当记者，要深入社会的角角落落，接触各种各样的人和事，挖掘事件背后的喜与悲，并尽自己所能发出这个世界需要的声音。”为了更好地实现心中的记者梦，汪泱实习于浙江省玉环电视台。跟随市长，慰问官兵，她感慨良多：“我觉得这个社会的安稳运行，很大程度上归因于各行各业的人们做出的种种贡献。我觉得我们青年也要担起自身的责任。”这次实习让汪泱深刻地认识到，为了社会青年人重任在肩。

除了具有记者经历带来的社会责任感，汪泱也有着国际化的视野与青年的担当，积极承担国家形象宣传的责任与义务。大三第一学期，汪泱作为交换生在俄罗斯国立人文大学研修俄语语言文学，放眼世界，开阔视野。她也被团中央选派为第十九届世界青年联欢节中国青年代表，多次接受 CCTV、俄罗斯第一频道、古巴电视台等各国媒体采访，展现了中国青年的新风貌。谈及此事，汪泱的脸上洋溢着笑容：“我想抓住这个机会，把我们传统文化与现代文化的精髓展示给各国青年。虽然我的力量微不足道，但我也希望能为国家的形象宣传做出自己小小的贡献。”

“聚焦中国关怀世界，争做全球治理人才”是汪泱的人生理想。她具有全球化视野和中国青年的历史责任感，始终坚持祖国与个人的统一。在贸大，校报记者的经历使她获得广博的知识面，经贸方向俄语的学习让她拥有较高的外语水平，出国交流的活动让她具有尊重多元文化差异的能力。这让她距离自己的梦想更近了一步。结合自己的理想与才能，她选择跨专业保研至北京大学燕京学堂就读中国学（经济与管理方向）硕士项目，进一步学习与深造。

最后她用自己大学四年的经历，为学弟学妹们留下真诚的寄语：“有些事情在现在看来或许是徒劳，但只要你用心去做，对自己负责，它们都会为你未来的成功添砖加瓦。”

王海芹：不拘一格，多样人生

记者　张文轩

王海芹，国际经济贸易学院税收学专业，法学双学位。GPA3.83，前三年综合排名学院第一。曾任经贸辩论队副队长，经贸田径队副队长，校新闻网文字记者，惠园北清校友会执委会成员高数、概率论红色助手，微观经济学助教。曾多次获得国家奖学金、综合一等奖学金和校级优秀学生称号。曾获得“京贸创客”北京商界文化案例分析大赛一等奖、全国大学生数学建模竞赛北京一等奖、美国大学生数学建模竞赛 M 奖。现已保研至北京大学汇丰商学院金融专业。

金色短发、夸张耳环、弯弯的眉眼，这些活泼明快的元素集合在王海芹的身上，让人很难将她与身着正装、出入投行的稳健身影或在辩论场上舌战群儒、叱咤风云的严肃模样联系在一起。无论是外在表现还是内心追求，王海芹始终拒绝刻板单一。也正因如此，她坚持着不被束缚的精神，不断多元化自己的人生篇章。

多方尝试，发现热爱

“就像小马过河的故事一样，由于每个人的特点和偏好不同，任何人的所见所感都不能代替自己的亲身体验。我们需要在不断的尝试中找到自己真正的热爱。”谈及自己在税收学、法学和金融学三个专业之间的抉择时，王海芹这样告诉记者。为了丰富对税收学专业的认知，王海芹不满足于仅从课本上获得理论知识，也通过参加实习工作丰富自己的实践体验。在国家税务局的实习让她认识到，税务工作对于外向活泼、喜欢追求新鲜事物的她来说略显沉闷。正是这个契机，她转变了职业规划的方向。

于是这位自小就十分热爱刑侦类影视作品的女孩，选择了法学作为自己的双学位。刑法课上对法律、人权和社会影响的综合考量让她在科学的逻辑和缜密的体系中穿梭，体验了思考的快乐。而大二暑期的一个实习机会则让她走进了更为广阔多变、生气勃勃的金融世界。她通过实习企业对投资人和创业者的对接，接触了各类新鲜企业，观察了市场创业风口，了解了投资机构的投资项目和投资偏好，见证了教育、电商、人工智能等各个领域崛起的创业项目……谈起这些经历目光炯炯的王海芹说，她从中感受到了前所未有的新奇和挑战，随后开始全面了解金融工作。也正是这份吸引力让她下定决心在税收学、法学和金融学中选择了金融学，并最终获得了北大汇丰商学院的保研资格。

多重身份，无限可能

院辩论队副队长、田径队副队长、新闻网文字记者，惠园北清校友会执委会成员……大学四年，王海芹忙碌的身影穿梭在多个学生组织和社团活动中。谈及从这些身份中获得的收获时，王海芹表示，在各个学生组织和社团中的角色担当是她对自己多元化指标的评价体系中的重要内容。辩论让她喜欢上思考，从更缜密更科学的逻辑思维出发去寻找事物的本质，对于正反方观点的思辨也让她看待事物有了更多的包容心；跑步让她在繁杂事务中收获宁静和身心愉悦；新闻网让她用文字为贸大和贸大人物发声；惠园北清校友会让她有机会同更多优秀的人接触、交流……“更重要的是，我发现了自己身上更多的可能性。”这些广泛的尝试与努力，让她在更加宽阔立体的多元空间中全面发展，成就着自己的无限可能。

坚守初心，多元发展

“未来的三年也将是机遇与挑战并存的，我希望自己不会在激烈的竞争环境中迷失。”即将开启的北大研究生生活让王海芹充满期待，但也不无担忧。“学校、社会常常以成绩、实习经历以及能获得的工作来评价我们，但单一的比较很容易造成巨大的落差感和压力，束缚人的发展，降低获取快乐的能力。事实上，单一的成绩和工作是无法定义我们的。”不管是过去、现在还是未来，王海芹从不以单一标准来评价自己的得失。她一直以来的自我期许是成为一个多元化的人：在全面发展的同时既拥有事业成就，也充分享受生活。“关于想成为什么样的人、想过哪种类型的生活的回答，每个人都可能是不同的，我们应该结合自己对未来生活的期许建立起自己的评价体系，而不是以社会的单一评价体系来定义自己。‘不以物喜，不以己悲’是我很欣赏，也很渴望达到的境界。”

刘姝睿：以金融之舟，航科研之海

记者　刘宇环

刘姝睿，金融学院 2015 级金融学专业本科生。连续三年专业排名第一，GPA3.87。国家奖学金、北京市三好学生、综合一等奖学金，校级优秀学生获得者。获得全国大学生数学建模竞赛全国二等奖、中国高校 SAS 数据分析大赛全国一等奖、“挑战杯”大学生课外学术科技作品竞赛三等奖、美国大学生数学建模竞赛 H 奖。其论文入选 *Economic Modelling*（SSCI）与中国人民大学主办的特刊会议“The Challenges of Managing and Modelling Innovation and Growth”。曾在清华大学国家金融研究院金融与发展研究中心参与“‘一带一路’国别风险研究”课题并参与撰写系统性风险指数学术论文。此外，担任金融学院院刊《金融方舟》主编；学业指导中心学业助理。现已获得清华大学五道口金融学院直博预录取资格。

“和大多数人一样，刚步入大学，我也迷茫过，以后的路在哪也不清楚。”刘姝睿非常平静地谈起初入大学时的状态，那时的自己似陀螺一般被各种事情抽得团团转。你感觉你有大把的空闲时间，却又发现那些时间好像并不属于自己。当她在大学的自由生活中有点不知所措时，一位学姐和她说：“当你不知道自己该干什么的时候，学习总是没错的。”这句话让她走出迷茫，并逐渐找到了适合自己的学习之道。谈到在《金融方舟》的日子，她表示自己是非常幸运的，因为在每一次的研讨会中，都能学到很多，也真正意识到什么是金融，为什么学金融。在一次案例分享中，当时的主编讲述了中航油巨亏的案例，他说了一句：“这件事几乎把中国金融人钉在了耻辱柱上，但它也说明了金融对一个国家何等重要，金融人才对于一个国家又是何等重要。”也正是在那个时候，她意识到金融学的重要性以及身为金融人身上的责任。

有了一定的知识积累后，她开始作为科研助手接触学术科研，并一直坚持到现在。“是科研给了我新的成长，也是科研让我在今后的道路上有了一份可靠的保障。”刚刚接触科研，面对的是各种各样的问题，最大的问题就是阅读英文文献，但是经过不断积累，她的英语水平与专业素养得到大幅提高。当自己能够将所学知识运用到现实的经济问题中时，之前那些一个个查过来的单词、一步步理解的概念都化成了此刻的满足感。科研真正给自己带来的不是学会了一个新公式的使用技巧，而是发现问题、解决问题的能力。科研做到一定程度会发现，最后需要解决的是一个哲学问题，这就要求我们从不同的角度去认识世界，运用所研究的结果去改变世界。当问到从事学术研究对自己意味着什么时，她嘴角微微上扬道：“我一直记得我的老师说过，科研对于社会的意义在于为世界挑选出一套最好的运行规则。经济学能做的就是挑选一套适合社会和国家的最好的经济制度。这也是自己选择坚持在金融领域一直研究的动力。”在她身上传递的是一份强烈的责任感，一份对于中国金融市场、对中国经济的担当精神。

刘姝睿谈到选择读博是因为自己的理想是希望成为一名优秀的学者，从事科研工作。她说：“科研时创造性的，是从零到一，工作则是在此基础上添砖加瓦。”当谈到未来的道路选择时，她表示自己很希望能回到贸大，做一名学者，让更多的学生感受到金融的魅力。在采访中，她还说很感谢贸大提供的开放平台，这不仅提升了她的竞争力，也将她送往最适合的环境里继续发光发热。此外，她还是个很爱汉服、爱中国风音乐的姑娘，面对如今愈来愈受欢迎的中国传统服饰，她认为这体现了在中国经济发展到有一定保障的时候，国民文化自信的提高。

“知道你想要做什么，做你真正感兴趣的事情。”这是她希望学弟学妹能够做到的状态，简单的一句话，却蕴含了十分强大的力量。大学，是一个发现自己无限可能的地方。找到一件自己喜欢的事情，并且坚持下去，终会有一天，会有收获。未来的旅程总是未知的，或顺畅、或坎坷，愿这个带着希望和责任感的女孩能继续乘着金融之舟，在科研的浩瀚之海中，为中国经济开辟新天地。

黄舒雅：创业路上的逐梦人

记者　徐彦瑞

黄舒雅，国际经济与贸易学院2015级国际经济与贸易专业本科生。在校期间与北中医团队合作开展“艾学医”创业项目。荣获第五届“经纬杯”创业大赛一等奖、第三届中国“互联网+”创新创业大赛铜奖，曾参与中国传媒大学VR+创新创业特训营、对外经济贸易大学人工智能创新创业训练营、全球青年创新领导力研习项目，曾担任马石油贸易（中国）有限公司产品经理助理，拥有丰富的创业与交流经验。

披荆斩棘开拓新路，埋首穷力用心经营，放飞梦想走出国门，不辜负努力，不辜负梦想，不辜负自己。对黄舒雅而言，贸大四年，是求学之路，也是一个创业者不倦求索的逐梦之路。

创业：披荆斩棘，成乎一业

“能有‘艾学医’这个项目，要感谢良师，要感谢益友，也要感谢自己。”象牙塔中抚卷，阔苍穹下成业，当大多数同龄人还在为未来迷惘时，黄舒雅已经拥有了自己的创业项目。在与记者的交流中，黄舒雅谈到，在创业的历程中她最感谢的是良师的指引、益友的支持和自己的努力。不积跬步，无以至千里；不积小流，无以成江海。两年的筹划与经营才有了“艾学医”项目今日的辉煌与成功。

大二那年，通过经纬集团与我校联合举办的紫荆谷智创营项目，黄舒雅第一次走上了这条有着荆棘与石绊，也有着鲜花与果实的创业之路。在与创业营指导教师一周一会的交流中，黄舒雅渐渐明确了创新创业的方向，也坚定了砥砺前行的信念；在带领我校团队与北中医团队共同运营“艾学医”项目的合作与交流中，黄舒雅留下过努力的汗水，也体会到友谊的温暖，品尝到收获的甘甜。为了更好地运营创业项目，立足对国际经济与贸易丰富的知识储备，黄舒雅在北中医前辈的指导下对计算机编程方面进行了拓展与了解。“这个时代更需要的是‘T 型人才’。一竖象征深度，代表着对一方面知识的专攻与专精。一横象征广度，代表着对多方面知识的了解与运用。”立足一面，开拓多维，正是对目标坚持的追逐与不倦的求索交织出创业者辉煌的人格。

交流：行远千里，立志一心

“走更远的路，看更大的世界。”是黄舒雅的座右铭，也是她一直激励自己的动力源泉。2017 年，怀揣着期待与梦想，黄舒雅带着自己创业项目前往迪拜参与全球青年创新领导力研习项目。远赴异国，一展宏图，在迪拜的九天中，黄舒雅在体验与了解中东文化的同时，努力学习如何与外国商人进行沟通交流，并参加“第三届全球先锋创新与卓越会议”。在会议上，黄舒雅向来自全球各地的参会者，全方面、有侧重地介绍了富有中国创新意识的创业项目，让富有中国本土文化特色的创业项目在全球视野下熠熠生辉。“能与世界交流，让我国的创新创业项目在全球得到展示，是一种骄傲。”

期许：立足致远，举目远望

对未来，对前路，黄舒雅已经有了自己的规划。“未来的一年，我想去见识更多，了解更多，更多地去丰富自己，让自己能有更开阔的视野。”即将离开大学，迈入全新的人生阶段，黄舒雅计划前往新西兰进行进一步的深造，在完善自身的知识体系之后，继续追逐自己的创业梦想，“在未来，我希望能在创业这条路上，走得更长，走得更远。”

“贸大四年，一生难忘。”四顾教育与呵护自己的母校，回首四年的惠园时光，黄舒雅有收获，有梦想，有感激。在采访的最后，既是对自身经历的总结，也是对后来者的期待，黄舒雅凝练出六个字：“做自己，勇逐梦！”

郭东放：行中有知　知中有行

记者　邵尧森

郭东放，国际商学院 2016 级营销专业本科生，学习成绩优异，在校期间担任年级与班级多项学生职务并赴哥伦比亚大学进行交换学习，曾获国家奖学金、“秀庐崇德”力行奖学金、学科竞赛奖学金、优秀学生干部、北京市数学建模大赛一等奖、普林斯顿大学 PEID 冠军、“达能杯”营销大赛冠军等荣誉和奖项。曾于波士顿咨询，中国国家开发银行等公司实习并创立“太阳下的小星星”志愿团体和 GACO（Go Abroad Community）留学社区，志愿服务时长累计 300+ 小时。目前已获得牛津大学和哥伦比亚大学等学校的 offer。

成大事者，立志为先

成绩优异、屡屡获奖、拥有比赛和实习经验最后顺利拿下国外名校带奖 offer，郭东放的本科生涯一路高歌，圆满结束。当回顾自己踏入贸大校园的那一刻，郭东放表示“出国留学”这面旗帜早早便挂在了他贸大生活的终点。“我觉得开始的规划和最后所走的道路很难完全一致，但有一个相对明确的方向，可以起到一种比较好的指引作用。”在向目标前进的道路上，他不断根据自己大学期间的所得所获动

态调整自己的规划，为名校保持优秀的成绩，同时早早拿下令人满意的标化考试分数，使他后期有更多的时间和精力投入到实习与比赛活动中。

为心中的理想而奋斗的人是幸福的，但对于初入学校，并未有自己明确目标的学弟学妹，郭东放也给出了他的建议——“学好基础课程，打好坚实的基础，努力提升英语成绩，定有所益。”

为商者，先人而后己

在众多参赛经历中，最令他印象深刻的当属在普林斯顿大学参加的 Princeton Environmental Ideathon。在教授的建议下，郭东放同另外四位中国交换生组队，与来自不同背景的数十个学术机构及大学的队伍同场竞技，从不同角度出发，利用专业知识为自己所在的城市设计能够解决城市问题的可持续发展方案。面对利用算法实现电动汽车充电桩在城市内的布局优化的数学团队、力图解决城市水循环问题的建筑学团队，郭东放所带领的团队充分发挥自身商科和艺术设计结合的背景，针对北京外卖产业高速发展所造成的白色污染问题，设计了一套优化的创新商业模式。优秀出众的设计、精心准备的产品展示、专业严谨的论述……让他们顺利得到评委的一致好评，并最终以一等奖 2500 美金的成绩完美结束了这场创意马拉松。

这次比赛令郭东放在经验和认识上都有了不小的收获——“这次经历让我将本科期间积累的商业知识与社会问题的解决有机结合，使我看到了商业的更多可能性，同时也拓展了我对商业性与社会性二者关系的认知，成为我内心种下的一颗种子。”而作为当代商科学生乃至未来的从业者，我们也应当认识到社会责任在当今时代的重要性。社会、环境可持续发展的大方向下，商业模式的可持续发展才能更好地得到保证；而此种商业模式的持续发展和不断扩大，会更好地推动整个社会更有温度地运转。

乘荫者，植林以利后人

回顾自己在贸大为留学而奋斗的过程，郭东放表达了对之前指点提携自己的贸大前辈的感谢。“作为一群在留学这条路上摸爬滚打的贸大学长学姐，我们深知留学准备过程的艰辛和不易。”作为GACO（Go Abroad Community）的创建者，郭东放怀着对贸大后辈们的期盼，希望这样的模式，宝贵的经验分享可以不断地传承下去，使更多有需要的贸大学子在留学的路上走得更加从容。“我希望为贸大出国留学的同学提供一个长期可持续的互助发展平台，进行内外部的信息和资源 共享，互相交流，优势互补，形成协同效应，助力贸大留学党的未来发展。我期望看到大家能够践行‘我为人人，人人为我’的理念，培育贸大留学党这个群体互帮互助的良好氛围。我始终相信分享的价值和协同的力量。我更坚信，只有学生的未来发展越来越好，贸大才会更加欣欣向荣。”这是一份学长对学弟学妹们的担当，也是一个优秀贸大学子给母校留下的宝贵财富。

谈及未来，郭东放说希望自己能有机会进行一些影响力投资的实践，利用商业的方式来寻找自己所聚焦的领域里，中国长期存在的一些社会问题的解决方案。之后创建或者和朋友共同成立基金会，为特定领域里社会资本的优化配置做出一些个人力所能及的改变。

我们衷心祝愿郭东放在新的旅程中可以怀坚定目标，信念为阳，汗水做雨，让理想的种子生根发芽！

学长寄语： 奋斗是没有终点的，我们总会看到更高的山峰引诱着人继续前进，但如果一个人享受的不是爬山的过程本身，而是盲目地为了到达本来不存在的心中的终点以获得某种终结性的意义感，那一定会被贪婪反噬。因此，比努力更重要的是方向，比方向更重要的是想清楚我们为什么在走着。

不要盲目效仿任何一个所谓“优秀”的学长学姐的个人经历，而要深入探究你自己内心的声音，让外部经验与自己的已有认知摩擦碰撞，将外部所得中精华的部分内化为自己逻辑架构的一部分，进而达到自我思维程序的优化。如果说世界上只有一种“优秀”，那就是有勇气和能力贯彻自己想要的生活方式。

成长的过程有时是难熬的：一直在求索，有时狼狈，但所有的蜕变与进步都必须仰仗痛苦的挣扎。最后，天高目远须长久，地厚心深大事成。少年当：乘风好去，长空万里，直下看山河！

胡晗露：理想主义和国际视野的对撞

记者　李泽辰

胡晗露，法学院 2017 级法律（非法学）硕士研究生。本科就读于贸大经贸学院国际组织人才培养基地班，后保研至贸大法学院攻读硕士学位。她胸怀国际治理，曾参加 WTO 模拟法庭全球决赛，曾获留基委资助赴奥地利维也纳联合国工业发展组织（UNIDO）实习，并于联合国儿童基金会（UNICEF）驻华办事处、国家开发银行法律事务局等处实习。现已被日内瓦国际关系与发展高等学院（IHEID）录取，将在毕业后前往日内瓦继续深造。

兴之所至，心之所向

个人的理想和兴趣，是胡晗露大学生涯的指向标。

因为对国际组织的兴趣和纯粹的家国情怀，7 年前，胡晗露选择参加对外经贸大学首届国际组织人才培养基地班的选拔。至于为什么大胆选择了这样一个新兴的专业，她解释说："因为我想要建立起一个复合型的知识体系，并且为中国在国际舞台上更好发声，开创一番自己的事业。"本科期间，她在贸大学习国际贸易、法律和法语等，大四时还前往法国进行交换留学。交换期间，她利用假期游览了日内瓦的万国宫。正是这次初遇，让她了解到了国际组织真正在做的事情，看到了那里的人们能通过日常工作一点点改变世界、塑造世界。那时的她，暗暗下决心："我一定要再次回到日内瓦！"

为了这个目标，在研究生阶段，她选择参加 ELSA-WTO 模拟法庭比赛。当时，我校法学院已经连续参加了几年比赛，却还未能打入在日内瓦举行的全球决赛，但她相信只要自己尽力去尝试，结果一定不会令人失望。于是她全身心地投入了十个月的备赛，最终功夫不负有心人，她和她的团队取得了东亚赛四强和最佳综合书状写作奖、最佳被告方书状写作奖的成绩，并在同年6月份前往日内瓦的WTO总部参加全球决赛，获得了全球第12名的成绩。

再次回到日内瓦，她感到充实且满足。她说："因为是个人的兴趣支持着自己不断地向前走，那么目标实现的那一刻，就会有走出隧道尽头的豁然开朗和前所未有的满足感。"而当她坐在WTO总部各成员协商洽谈的长会议桌前，聆听着上诉机构大法官的演讲时，那一刻对她而言，再次打开了全新的世界。她第一次真正切身感受到，看似如隔云端的全球治理，其实是每一天实打实在日内瓦进行的事情，她也可以通过自己的努力参与进来，塑造世界的未来。这次的经历更让她坚定了前往联合国工作的决心，因此，研二胡晗露选择在联合国工业发展组织和联合国儿童基金会分别进行半年的实习。

国际视野，心怀天下

两段联合国机构的实习经历，不仅培养了她独特的国际视野，在此过程中她还更深刻地认识到了地区间发展的不平衡和差异。比如，在联合国工业发展组织实习的过程中，她看到了南亚和非洲的妇女和青少年水深火热的生活，他们不仅受物质条件所困，还受文化水平和社会政策所限，妇女和青少年的失业、失学率常年居高不下。针对这样的情况，她提出了扶持妇女创业、青年就业的相关政策建议，并且最终被采纳，放在了联合国工业发展组织亚太地区发展战略中。

回国后，她通过官网申请获得了联合国儿童基金会驻华办事处的实习，主要负责南南合作处儿童权利保护和社会企业责任。实习期间，在南南合作的框架下，她独立完成了一项关于在肯尼亚的中国企业的社会责任报告，调研了在肯尼亚的中国企业为当地儿童生活改善做出的努力，例如教育、饮水和卫生领域等；还负责联合国儿童基金会一些官方中文报告的翻译。

虽然她在实习中取得了不小的成绩，但是她认为两次联合国实习带给她最大的收获是：看见非洲科教水平落后、教育普及率低导致大量人口深陷贫困陷阱，南亚地区两性严重不平等、妇女失业率居高不下，开始思考青年人究竟可以为这些不发达地区的弱势群体做些什么。我们想要生活在什么样的世界，就通过自己的行为去刻画它、塑造它。当我们跳出自己的“小盒子”，才会发现原来自己可以为更好的世界做更多力所能及的事情。正是在国际组织的实习中，她更深刻地理解了联合国工作的意义：塑造一个理想化、可持续、包容发展的世界。正是这些想法，推动了她申请日内瓦国际关系与发展高等学院的国际事务硕士。

对于像她一样胸怀国际治理，对国际组织感兴趣的同学，胡晗露给出了自己的建议。首先，英语书面写作和口头表达能力是基础，毕竟英语是国际组织最主要的工作语言，再学一门外语也大有裨益；其次，需要培养自己的国际视野，比如参加模联和模拟法庭，做到全面发展；最后，还需要在平常多向联合国和其他国际组织的工作人员咨询，围绕自己学习领域、能力和个人兴趣确定目标，做一些国际组织、非政府组织、国际发展相关领域的实习，并且将大目标细分成小目标各个击破，持之以恒地坚持自己的方向。

采访过程中，对于记者提出的问题，胡晗露都积极表达自己的观点，并对自己的观点做出解释。她的话语中无不透露着自信、热情和乐观。她很耐心地对记者的问题做出回答，在她看来，在生活中就和在联合国中工作一样，如果能以己之力帮到更多的人，就是成就感满满和有意义的事情。而对于自己的生活态度，“心中有火，眼里有光”应该就是最好的形容了。

黄景艺：坚持梦想　葳蕤绽放

记者　粟诗雨

黄景艺，中国语言文学学院汉语言文学专业2016级本科生，2016级年级大班长。在校成绩专业第一，曾任院学生会主席，并获国家奖学金等多项荣誉。目前已获多所世界TOP50名校的offer，毕业后将就读于爱丁堡大学语言教育专业。

"每一朵花都会有花开的时候。"黄景艺在回顾大学四年时这样说道。她正如一朵花苞，注重含苞待放的过程，听夏夜蝉鸣、看云霞雾霭、沐阳光雨露，浸润了一整苞的灵气，最终在喷薄的朝阳中葳蕤绽放。

专业学习：热爱可抵岁月漫长

毕业后将赴爱丁堡大学攻读语言教育专业的黄景艺，回国后也计划从事语言学方面的科研工作。可以说，语言学将成为她今后生活的重要部分。可谁又能想到，如此热爱语言学的她，曾经也有过转专业的想法。

刚进入大一时，对文学"不来电"的黄景艺，一度在专业学习中找不到方向，甚至产生了转专业的想法。转机发生在大二。大二时，现代汉语这门课程进入到音韵学部分，黄景艺仿佛打开了一扇缤纷世界的大门。她惊喜地发现，老师在课堂上讲的音韵学知识与现实产生了切切实实的联系，而不再是“躺”在课本上的枯燥无味的印刷文字。

而大二时的一篇论文，让黄景艺更加坚定了在语言学领域深造的决心。当时，老师要求同学们写一篇有关方言与地方文化的论文作为期中考试作业，并鼓励同学们对自己的选题进行深入的考察。在众多选题中，她发现了家乡小吃“粿”与闽语的发展演变有一定的联系，便开始对这一课题展开研究。随着研究的深入，她的兴趣也不断迸发。但是，交上了一份优质的期中作业之后，黄景艺并未止步。她在老师的指导下进行了长达一学年的、更细致的钻研。那段时间，她经常跑图书馆，一次就借上十几本专业书籍。在这个漫长的过程中，她亦经历了许多困难，如难以读懂古籍、数次改稿退稿等，但她始终咬牙坚持着。最终，这篇题为《从“粿”的分布与词义演变看“粿”文化的发展》的文章成功发表在了《现代语言学》期刊上（RCCSE 中文 OA 学术期刊类核心期刊）。

从此，黄景艺对语言学的热爱日益加深，并且将其纳入了自己的人生规划当中。为了能够在语言学方面深造，她选择了以文科专业为强势学科的爱丁堡大学。她说：“国外语言学领域的研究起源更早，也更系统化，而这也是我出国留学的原因之一。”出国是为了增加自我的知识储备，但国外没有汉语环境，而科研工作无法离开中国的语言土壤，所以她将选择再深造结束后回国，致力于研究语言学与家乡地方文化的相关性。

黄景艺秉着内心的烛火，在漫长的岁月里坚定向前，在学术的园地中发光发热。

学生工作：责任激发能量

初看黄景艺履历时，“院学生会主席”这一头衔的确耀眼，但光芒背后却是强烈的责任感与无数的汗水。大二时，她担任院学生会的副主席一职，原本计划在大三退部的她，最终因为“壮大中文学院团学联”的想法而选择了坚守。

担任主席期间，她进行了很多全新的尝试：迎新大会、圣诞晚会、活动总结大会等。而其中让她记忆最深刻的，便是将“中华诵”由诚信三楼报告厅转移到了图书馆报告厅举办。她说："'中华诵'是中文学院最大型的活动，我们想让它在更大的舞台举办。"当时，在缺少经验借鉴的情况下，其困难程度可想而知。但是，作为主席，她和她的团队并没有望难却步。最终"中华诵"圆满举办，而黄景艺也在这个过程中激发了"扛大事"的能力，成长为一个"能量型"女孩。

黄景艺的责任感，还体现在她三年的啦啦操生涯中。大一时在学姐的带领下加入中文院的啦啦操队，从此她与啦啦操结下了不解之缘。她在这个队伍里一跳就是三年，不仅出于对跳舞的喜爱，更因为有"想让中文取得更好成绩"的执念。她和队友们的努力最终没有被辜负，在黄景艺大三时，中文院的队伍在比赛中首次斩获了第四名的好成绩。那些刷夜练舞的时光，偷拍打盹队友的恶作剧，惠中大道上寒风里一起缩成一团获得的小小温暖......都成了她青春里的珍贵记忆。

黄景艺以责任为帆，冲破层层迷雾，遇见更加成熟、有能量的自己。

成长道路：滴水亦能穿石

黄景艺的大学生活没有轰轰烈烈的大成就，而她的难能可贵之处就在于坚持。本科四年，她稳坐专业第一的宝座，其秘诀就是日复一日的努力。她始终以学业为重心，看重每个阶段的成绩，均匀持续地发力，毫不懈怠。而她在院学生会、啦啦操队的坚守，也换来了更强大的自己。

提及未来，黄景艺还是那句"慢慢走"。她就像一条静静流淌的水流，不湍不急的表面之下，自有万千丘壑，其间有蓬勃的力量在奔涌。她的步伐不慌不忙，但步步踩实，落地有声。而她，也将在这笃实的脚步里，走向更广阔的天地。

刘智睿：追光者永远在路上

记者　孙嘉璇

刘智睿，英语学院2016级毕业生，攻读英语财经新闻方向。担任英语学院2016级年级大班长，在校期间专业排名第一，获得3次综合一等奖学金，多次获校级优秀学生等荣誉称号。在毕业季斩获宾夕法尼亚大学、哥伦比亚大学、约翰霍普金斯大学、圣路易斯华盛顿大学、纽约大学、华威大学等多所学校的offer，即将赴宾夕法尼亚大学深造。

目标明确，成就不凡

2016年，刚进入贸大的刘智睿并没有四顾与茫然。“守正笃实，久久为功”的精神早已从踏入惠园的第一刻起，便深深地被他在镌刻在心中。从高中就埋下出国留学的种子的他，早已明晰了自己未来航行的“灯塔”坐标。所以，在本科的四年间，他踏实打磨好大学生活的每一个切面，演绎好个人能力的每一个角色，最终缔就了他从依附到独立，从遵循到创新，从优秀到卓越的蜕变。

在校期间，排名第一的专业成绩使他获得对外经济贸易大学校级优秀学生多次综合一等奖学金，大学四年间，在兼顾优异成绩的同时，他还担任了英语学院年级大班长以及对外经济贸易大学英语学院足球队队长的职位。在问到他是如何在工作和学习以及休闲娱乐方面之间找到平衡点的之时，他回答道：“在不断提升自己工作能力和学习能力的同时，最重要的一点就是时间管理，”也正是擅于将碎片时间利用最大化、平

衡各角色任务的高效时间管理观念与规划，才让他在减轻学习压力的同时，有更多的精力投身于工作、实习与社会实践中去，游刃有余而乐于其中。

作为英语专业毕业生的他，并没有仅仅局限在语言的学习和锤炼之中，而是在不断摸索更加适合自己的专业方向。在尝试过诸多实习后，他最终确定了数据分析作为自己未来的发展方向。在2020年的申请季，他最后选定的专业是政策分析和数据分析。当谈到如何成功摸索出自己心之所向的学业目标领域时，他感慨地分享道："区别于高中时代，大学不是来自应试教育环境中对于特定问题所寻找的标准答案，而是需要自己去主动的寻找问题以及自己的兴趣所向。"的确，最终他很幸运，时间给了他答案，也让他坚定地用热爱与期许在未来编织属于真正自我的职业画卷。

初衷，是第一执行力

在提到让刘智睿感触颇深的经历的时候，他回忆道，刚刚担负起年级大班长的重任时负责整理新生档案的日子，因为涉及每位学生的信息是否准确，资料是否齐全，他深感责任重大，每天往返于诚信楼和求真楼，忙得不可开交。但是埋头苦干的时候，他也没有忘记仰望浩瀚苍穹。他成就极致、追求卓越的初心，便是在他理想天空中的启明星，熠熠照亮着他前行的路。

四年的本科期间，他曾有着很多的角色身份。作为优秀队长，他在贸大暑期实践中深入调查深圳LED生产制造企业融资情况等；作为年级大班长以及足球队队长，他肩负着众多的期望和担当......这些经历都在不知不觉中，使他明白了青春的意义。而让他记忆最为深刻的，是在"实习生"这个角色中的迅速成长。他曾作为实习生参与了中信银行南昌分行、三星Cheil（中国）有限公司、施耐德电气（中国）的数据分析，评估和整理等工作，从初来乍到的手足无措，到用他的工作和学习的经历为自己打造出了属于自己独一无二的"天梯"，登高望远，他"永远在路上"。

眼盛星光，心向远方

毕业季，他如愿斩获了多所名校的 offer，但最终义无反顾地选择了宾大，绝不仅单纯出于仰慕，而是他经过深思与考量、展望后，综合学校的就读体验、stem 项目质量以及含金量极高的专业课程等，为自己选择的远方的归属。他对未来充满向往和信心，“希望能在增强自己的认知的同时，扩大自己的社交圈子，拥抱更大的世界，”这也是当初那个青涩的高中生对自己的人生的承诺。他的每一份努力的涓滴细流，最终汇成一个水到渠成的明天。

“大学的青春时光飞逝，人生只有一次，须倍加珍惜。”四年之间，他已然于不知不觉间蜕变。从踏入校园的青涩少年，如今成为一个即将拥抱更大国际视野的毕业生。他明白，他将肩携“中国青年”的金色标识，真正成为向更高殿堂、更广阔世界奔涌的“后浪”。

最后，他将作家臧克家的一句话赠予惠园的学弟学妹们：“人生永远追逐着幻光。但是谁把幻光当做幻光，谁就陷入了无尽的苦海。”而他将永远是那个义无反顾的追光者，走向属于自己的远方。

尉亚宁：潜心科研的跨学科实践者

记者　张若兮

尉亚宁，中国WTO研究院2018级硕士研究生。研究生期间在《中南财经政法大学学报》《中国社会科学报》发表论文2篇，参与6项课题，科研创新项目立项获一般项目奖励。曾获年度院科研积极分子、优秀学生干部、研究生学业奖学金二等奖等荣誉。现已被上海财经大学商学院录取。

从应用化学到国民经济学，尉亚宁在本科阶段和研究生阶段的专业跨度可谓巨大。相比于在实验室里对化学反应进行研究，他对生活中经济现象的运行状态以及背后的原因更感兴趣。怀揣着这样的想法，来到对外经济贸易大学的他一心向学，在学术科研的道路上收获了属于自己的累累硕果。

万事开头难。基础知识的不足曾一度让尉亚宁苦恼，又因为研究领域新、可供参考的资料少，他投入了大量时间与精力才逐渐适应。谈起之前的学习经历，尉亚宁也总结出了一些经验："要多与老师和同学交流，在老师和同学的建议下弥补自身的不足。"多看书、多看文献的同时，更要懂得怎么找、怎么看、花多长时间看。在这一过程中，慢慢弥补知识的欠缺，建立起学科思维方式。除此之外，尉亚宁还提到了参加学术会议的经历对自身学习的助益。"学术会议上的发言可以帮助我找到重点，后续翻阅文献的时候，我就会格外关注提到过的内容。"在学术会议中，尉亚宁也结识了许多志同道合的好友，在专业方面一起交流、共同进步。

同时，每一次的课题经历对尉亚宁而言也是宝贵的自我提升体验。而在这其中，工业经济联合会的课题给他留下了最为深刻的印象。虽然没能实地考察，但是通过听取调研录音、收集资料，以及与老师和同学们开会讨论等一系列过程，尉亚宁对我国生物医药产业的发展趋势有了更深刻的理解，同时获得了许多写报告的经验。最终结合调研成果、研究数据和相关文献，他撰写了关于我国生物医药产业发展的痛点、企业诉求以及建议对策。

对很多人来说，论文的写作与修改意味着压力与痛苦。然而在尉亚宁心中，成果产生的一刹那所带来的成就感能够给予他很大的满足。当谈到学习论文写作的过程，尉亚宁直言时间之紧迫，研一期间基本上是在上课的间歇学习论文如何书写。与本科阶段不同，科研论文有自己的风格。在论文的引言部分，尉亚宁就曾经因为逻辑不顺、语言不够简练等问题吃了不少苦头，需要不断地把自己调整到书写科研论文时严谨、有逻辑的状态中。然而困难并不止步于此，投稿的过程也是充满坎坷。尉亚宁的第一篇论文先后投了三个期刊，在这个过程中也受到了一些质疑。“但是老师和我依然对研究出的成果有信心，”尉亚宁如此说道，“也一直没有放弃，差不多半年的时间里都在不停地修改。”经过长时间打磨的论文也终于绽放光彩，被成功地录用了。

总结在贸大的研究生生活，尉亚宁认为自己过得特别充实，不仅在科研道路上有所收获，还通过参与学院活动策划锻炼了自身组织能力。尉亚宁在中国世界贸易组织研究院 2018 级硕士班担任了班长一职，负责处理一些班级事务、组织策划学院的一些重大活动。“应该在短短的 2 年时间主动尽自己所能为学院做出自己的贡献，尽管在举办一些重要活动过程很辛苦，但在活动中看到老师和同学们一片欢声笑语，会让我以及所有参与策划的同学们觉得很有成就感。”

采访最后，尉亚宁以自己导师的一句话作为结尾：“认真努力，广结善缘，抓住机遇。”两年的研究生生活中，尉亚宁将精力投注于学业上，在与同好的交流中踏实研究、不断进步。未来，他仍将在学术科研的道路上坚持初心、步履不停。

王长伟：工作要快，但生活要慢

记者　丁彦雯

王长伟，保险学精算与风险管理实验班2016级毕业生，学院综合排名第二，曾荣获第二十九届北京市大学生数学竞赛二等奖、第十届全国大学生数学竞赛三等奖，在校期间获得北大经院夏令营（保险专硕）等六项夏令营入营资格，最终通过北大经院夏令营（保险专硕）、北大汇丰夏令营（管理学-新加坡国立金工双硕士）考核。疫情期间王长伟积极协助学院开展疫情防控工作，目前已成功保研至北京大学经济学院（保险专硕）。

保研——坚持就是胜利

刚踏入惠园时，王长伟和大多数新生一样，稚嫩而有些许迷惘，对于自己未来的发展方向并没有明确的规划。一次偶然的机会，王长伟参加了贸大北京校友会主办保研宣传讲座，聆听着学长学姐的保研故事，一颗关乎保研的种子悄然在王长伟的心中扎根。或许是刚刚从高考繁重的学习压力下解脱出来，王长伟大一的成绩并不理想，距离圆梦北大还有一段距离。王长伟深知“凡事预则立，不预则废”的道理，在大二迅速调整状态，把全身心都投入到了专业课学习、科研和实习中去。有志者事竟成，接下来的两年，王长伟的专业课成绩都稳定在学院前两名。

谈及申请保研的经历，王长伟坦言，起初并不顺利。“万事开头难，我在最先开放的复旦经济学院夏令营和人大汉青春令营项目都没有获得入营资格。”接连的坏消息带给了王长伟强烈的挫败感，但同时他也更加领悟了保研的考核不同于考前突击，坚持不懈和屡败屡战的顽强才是保研路上最大的捷径。调整好心态，王长伟做好了需要长时间持续投入的准备，幸运的是，后期申请都比较顺利，水到渠成。在王长伟看来，很多优秀的同学保研失败都是由于没有坚持到最后，一些同学保研到后期却一直没有获得入营资格，前期的投入没有获得预期的回报，导致信心动摇，最终半途而废。坦然地接受失败，在冷静的思考过后心平气和地重新出发是他成功的秘诀。

磨练——实践出真知

自古圣贤之言学也，咸以躬行实践为先，识见舆论次之。王长伟在参加比赛和学生工作方面具有丰富的实践经历。回忆起参加北京大学经济学院夏令营的经历，最令王长伟印象深刻的是入营时平新乔教授主讲的有关政府债务的一场讲座。在讲座的提问交流环节，南开大学、北京大学、中国政法大学以及我校的学生各抒己见，从不同角度、高度、深度提出的看法和感想，王长伟从中收获颇丰。在北大经院的考核期间，王长伟开阔了眼界，认识到了自己的不足，也深深地爱上了这所历史悠久的学府和它沉甸厚重的学术氛围。除此之外，自小迷恋数学的他先后参加了二十九届北京市大学生数学竞赛和第十届全国大学生数学竞赛，并且都取得了不错的成绩。备赛期，顶着专业课压力，王长伟常常需要刷题到深夜，回忆起那段日子，王长伟由衷地感谢一位直系学长。每每与其探讨疑难，学长总能快速找到症结所在，悉心指导，并分享相似的题型，帮助王长伟触类旁通。参加国创、科研立项以及在“中美联泰大都会”实习的经历也大大提高了王长伟的科研协作、创新能力，一路走来，他的内心愈发充盈。

疫情防控开展以来，我校工作态度坚决，听从指挥，迅速形成九组联防联控的“战时”机制。王长伟作为学生工作组的一员，主要负责保险学院“一人一案”工作。参与疫情防控工作的三个月来，王长伟每天第一件事就是更新学生台账，跟进每个学生的健康状况，并及时与所在地变更的同学取得联系，全力协助开展学生日常动态管理工作。身处多方联控的一员，王长伟深刻体会到了我国的制度的优越性，他表示，作为一个分散的个体，我们面对疫情或许会很无助，但当各部门协调起来，迅速地做出一个反应机制，制定方案并严格执行时，一种强大的安全感和凝聚力会使我们不再彷徨。目前，新冠肺炎疫情防控工作已进入常态化机制，王长伟也愈发想念与惠园朝夕相处的日子。“真希望早点回到学校，和好朋友们相见。”青山一道同云雨，有爱无惧风来急，相信在不久的将来，我们终会平安归来，聚首贸大。

生活——稳中求进，静心慢行

被问及怎样保持高效学习，王长伟表示，与其苦苦纠结怎样提高效率，不如先让自己静下来，工作要快，但生活要慢。有一颗清醒安静的心能让我们分清什么时候该做什么事，玩的时候可以尽兴地疯，但一旦进入学习状态，就应该会抛开一切杂念，做到心无旁骛。认清自己当下的位置，张弛有度，劳逸结合。“一个人可以走得很快，但不会走得很远。”谈起自己的朋友们，王长伟如数家珍。“记得大二、大三那两年，等图书馆闭馆后，几乎每天都和好朋友苏嘉誉去西门牛大碗刷夜学习，”王长伟回忆道，“我们学到 12：30 左右一起走回宿舍，路过西门煎饺买一些小吃，配着小麦啤酒坐在宿舍楼梯上聊天，分享一天之中的感受……”回想起那段日子，王长伟并不觉得辛苦，更多的是这份真挚情谊带来的舒心。学习之余，王长伟还会与音乐作伴，偶遇困顿抑郁之时，手指拂过琴弦，耳边吉他声起，一天的乏倦瞬间消失得无影无踪心情也跟着轻快了起来。

总结贸大生涯，四年的付出让王长伟收获了专业课成绩，收获了北大梦，也收获了一个更加安静沉稳的自己。相较于初入惠园的懵懂，如今的王长伟从容不迫、落落大方。从前追求高效率的他现在更注重生活的节奏感，他说：“有时从一味求快的心理惯性中跳脱出来，不但能纵观全局，看清当势所需，还能增加生活的幸福感。”很多人追求时间管理，它教我们如何设定目标，如何把任务分解细化，如何把控自己的工作效率……而实质上，这一套严苛的规定让我们的生活越来越快，从“过日子”慢慢“变成了”赶日子，它规范着我们的行为模式和思考方向，而我们在按部就班的习惯中日渐疲惫，甚至遗忘了努力的初衷。每天抽一点时间去“面壁”，在一个私人的空间里，静静地去倾听自己内心的声音，才能时刻感受到向目标前进的满足感。

未来——砥砺前行，来者可追

谈起保险行业的就业前景，王长伟表现出一丝担忧。他说，对于保险行业，目前实际上存在一个根深蒂固的问题。那就是在保险行业起步的初期，几大保险公司出于低成本的考虑，在推广业务时都采用了保险代理人的方式。大规模招收过程中对于学历和资质的门槛往往并不高，由此带来的，是保险代理人销售代理产品时常常仅以销售为目的，缺乏专业性。他们无法区分各类产品的内在特性和针对人群，也没有能力预判未来可能出现的问题，仅以扩大业务为目的为消费者讲解。这种粗犷的推广方式给如今的保险行业埋下了巨大的隐患。

“机遇和挑战并存，困难与希望同在。”话锋一转，王长伟表示科技的迅猛发展或许能给保险行业带来新的生机。他说，人工智能、区块链基础、5G时代的到来可能会给当今的保险行业带来颠覆性的影响。关于新技术能否从根本上解决遗留问题，主要关键在于保险行业能否抓住即将到来的万物互联时代。基于区块链技术去中心化的特点，科技与保险的碰撞对于解决信息不对称、道德风险、逆向选择等问题将大有帮助。

即将步入北大，王长伟胸有成竹。“我一直相信以后会比现在好。”接下来的旅途，王长伟将继续砥砺前行，认真经营生活，在学习、旅行中感受内心的宁静，与亲朋、音乐相伴，享受每一个生命的精彩瞬间。

齐钰泠：在挑战中提升自己

记者　阴　蒙

齐钰泠，对外经济贸易大学英语学院 2016 级学生。本科在校就读翻译专业（英语经贸方向），未来将在哥伦比亚大学“International Educational Development”项目深造。在校担任英语学院分团委学生会副主席，学习成绩优异，多次获得校级综合奖学金。获得哥伦比亚大学、宾夕法尼亚大学、约翰霍普金斯大学、伦敦大学学院、爱丁堡大学等学校的 offer。

大学与之前的生活有很大的一个不同是，以前在学校，所有人都在朝着一个目标而努力。而到了大学，每个人的选择增多，追求的东西也各不相同。在令人眼花缭乱的选择之中，如何才能走出一条属于自己的路？齐钰泠的经历给出了一份答案。“机会总是留给有准备的人。”提前做好规划，在一个个不同的挑战中努力提升自己，那么脚下的路，便是属于自己的路。

学习与学生组织的平衡：每一个挑战都是提升自己的契机

曾任职过院学生会副主席的齐钰泠在谈及自己的学生组织经历时说道：“三年的学生工作经历是了解自己、磨练自己、充实自己的过程。”三年来，齐钰泠经历了一次次的挑战自我的机会；在设计组织活动的过程中，齐钰泠始终勇敢地尝试和改进，提高创新能力和批判性思维。在平衡学习方面，她学会了合理分配时间以及提高效率，便于同时兼顾学习和组织。详细地说，这体现在：首先要明确目标，如果目标是清晰的，会减少无用功的比重，提高学习工作效率。学会提前规划，做到每件事详细计划并且按计划严格实行，并且预留出富裕时间应对突发状况。要分清主次，对需完成的任务按重要性排列。也要学会灵活调整，根据突发情况随机应变。最后，还要努力提升学习工作能力，拒绝拖延症，做到专注，充分利用时间。此外，齐钰泠认为，组织也为她提供了一个社交的平台，让她认识了很多优秀的人，并且不同性格的人的合作，不同思维之间的相互碰撞，使她产生了许多新的思考，也提高了人际沟通能力和团队协作能力。因此，在她看来，贸大的学生组织为她提供了一个锻炼的契机，是一个有着无限可能性和丰富机会的平台。

未来发展：脚踏实地，做自己的追梦人

齐钰泠在初入校园时，并没有盲目随大流，去参加大家都参加的各种比赛，社团和活动，而是一步步去探索自己的兴趣所在。大二时，她已经决定了未来出国留学的方向，于是便积极地为此做短期和长期的准备，参与了许多与志愿专业相关的比赛和活动。值得一提的是，齐钰泠没有申请她在本科时就读的翻译专业方向，而是遵循了自己的内心，开启了教育专业方向的学习。为此，在大学期间，齐钰泠一直努力发掘各种途径去了解和学习想要申请的专业。例如利用假期时间去英国的伦敦大学学院（ucl）参与暑期项目，修习相关课程；参与国际支教志愿项目，充实自己的经历；参与各个类型的高质量实习，在这个过程中深入了解行业背景和发展趋势，并积累实践经验，开阔视野；参与教育论坛、交流和学术会议，加深对于专业理解，并通过与前辈以及学长学姐的交流产生了新思考。齐钰泠坦言，在留学申请这一过程中，提前的规划，脚踏实地的努力，让她明白了机会总是留给有准备的人，每一段经历都是一个人成长的契机以及宝贵的财富。她在这一过程中找到了自己的兴趣所在，坚定了自己未来的发展方向。

实习经历：由兴趣开始，以目标引航

与选择未来发展方向一样，在选择实习时，齐钰泠同样没有盲目跟从，参与同学们都愿意选择的实习项目，而是根据自身需要，去参加自己感兴趣的项目。由于她对于教育事业的独衷，她参与了尼泊尔国际支教志愿者的项目。在项目过程中，齐钰泠到当地小学和初中以及寺庙为孩子们教授英语、数学等科目。而整个过程并非一帆风顺，和低龄小朋友沟通困难，当地教育资源短缺，教学进度难以统一等方面都存在着或多或少的问题。不过齐钰泠并没有在困难面前止步，而是积极与当地老师和学校领导沟通协调，在最大程度上解决了这些问题，并完成了尼泊尔小学、初中阶段教育的调研；对比分析了中国和尼泊尔的 K12 教育阶段的相同和不同之处，发现了一些存在的问题并提出了个人的见解。在尼泊尔的支教经历和调研经历不仅让她充实自我，开阔眼界，也为她的留学申请提供了有益帮助。此外，齐钰泠还积极尝试教育行业不同分支的职业类型，从政府部门到非营利组织，到教育机构，再到教育科技公司，从各个方面体验了教育行业。齐钰泠从她的实习中收获了很多，对于自己感兴趣的专业，她从实习中了解了很多校园里无法学到的东西，实习经历也让她明确了研究生阶段想要学习和探索的方向，乃至未来自己想要从事的职业类型。因此，她非常珍惜每一次能探索未知，和学习新技能的实习机会。

贸大拾忆与寄语：“做自己想做的事，成为自己想成为的人”

被问及贸大给她带来印象最深的点时，齐钰泠答道：“首先是‘芍药居女孩们’的自信、独立和进取；还有贸大学子们勇敢探索未知，挑战自己的精神。我很感激能在这样积极向上的氛围里度过大学生活。”

最后，齐钰泠给出了自己对贸大学弟学妹们的寄语：大学是广阔的平台，拥有无限的可能性。希望大家可以去勇敢探索未知，挑战自己，机会总是留给有准备的人。与此同时还要不断学习和思考，“博观而约取，厚积而薄发”，不断积累沉淀，充实自我，不要跟随大流，盲目从众，要想明白自己喜欢做什么事，未来想成为什么样的人。

曲纪琛：风物长宜放眼量

记者　粟诗雨

曲纪琛，国际关系学院 2016 级国际政治专业本科生。本科期间担任年级大班长、TBC 中国同屋、TAR 英文讲师。多次获综合一等奖学金、校级优秀学生。实习于联合国儿童基金会、丹麦驻华大使馆。曾担任联合国驻日内瓦办事处访学青年代表及中非合作论坛峰会志愿者。目前获欧洲大学学院全额奖学金 offer，即将赴佛罗伦萨攻读跨国治理硕士。

学如行棋，落子有着

2016 年，曲纪琛考入贸大的国际政治专业，这个从高中起就梦想着进入外交领域的男生，终于踏入了实现梦想的园地。怀着满满的斗志，他并没有任自己在大一时“随波逐流”，而是用心审视，认真规划，揣着明确的目标开始了全新的大学生活。

因为对自己的大学生涯有明确的规划，所以曲纪琛对每个阶段的目标都有清晰的认识。他会以学期为单位列出目标清单，当然，他也坦言：“有些目标确实不能实现，也会遇到现实的困境。”但是在这个过程中他会不断复盘反思，总结经验，再做出调整。他就像一位高超的“棋手”，对眼前的这盘棋有着透彻的认识。

但这位“棋手”却不拘于下赢这盘棋，他还要将棋局变得逸趣横生。在学业上高标准、严要求的曲纪琛，也始终坚持让自己的大学生活更为丰富多彩。大二时，他加入了 TAR 和 TBC。在 TAR，他结识了许多优秀且有趣的伙伴，同时也享受着传递知识的快乐；加入 TBC，与美国来华留学生成为室友，给他带来了全新的体验，为他的生活增添了色彩；他曾担任院羽毛球队队长，并在校级羽毛球比赛中获得男子亚军的好成绩；他连续三年参与“服饰风尚大赛”，也因此有幸参观了知名服装设计师工作室，近距离品味到色彩的波云诡谲与灵感的融合碰撞。

就这样，这位“棋手”从容自若地拨动着手中的棋子，心中有数，张弛有度，最终下出了一盘精彩纷呈的棋局。

不拘书斋，知行合一

作为一名国际政治专业的学子，曲纪琛深知：要培养外交的专业素质，书斋里的学问是远远不够的。因此，他抓住机会，积极地投身到实践中。大三上，他申请了学校的赴联合国驻日内瓦办事处的访学项目，经过层层选拔，最终作为青年代表前去访学。这次访学经历，也使他加深了对“国际政治”的理解；聆听世界贸易组织的讲座，使他更清晰地认识了中美欧三角战略关系，也深刻地体会到国际关系的风云变幻、剑拔弩张。通过访学，曲纪琛将“知”运用到“行”，在“行”中也求得了“知”。

之后在实习机构的选择上，曲纪琛亦是有的放矢。为了找到能够真正提升专业素养的实习工作，他做了很多的探索和尝试。他参加过世界经济论坛、联合国难民署、国际移民组织等国际组织的面试，最终选择在丹麦驻华大使馆和联合国儿童基金会实习。这两段实习经历，可以概括为“汲取力量，传递能量”。

在丹麦驻华大使馆实习期间，令曲纪琛印象最深刻的是丹麦文化中心举办的 “中国–北欧性别平等学术研讨会”。在会上，中国和北欧的女性主义学者铿锵有力的发言与对社会平权的号召，使他深受震撼。他从中看到学者们为了社会平权、社会进步做出的努力，也感受到她们对工作的极大热忱。而这份热忱，也让曲纪琛从中汲取了力量。

在联合国儿童基金会实习期间，曲纪琛坦言，他遇到了很多挑战：参与国际人道主义救援领域研究工作遇到欠缺背景资料的情况；疫情期间从事医药物资翻译工作，大量的医学专用术语给他带来了翻译困难。但诸多困难没有成为他的“绊脚石”，当他迎难而上，克服一次次挑战之后，也从中得到了历练。当谈及为什么能够对这份工作能投入如此巨大的热情时，他说道：“因为在做这份工作时，

我真实地感觉到我能够为社会平等和国际人道主义贡献自己的力量，即使微薄，但也有价值。”他向记者提及他的近期工作——关注东非、西亚、南亚地区受沙漠蝗灾影响国家的人道主义形势并进行相关研究。沙漠蝗灾加剧了上述地区儿童患有严重急性营养不良的状况。在世界的另一端，有许多人身处困境，这进一步激发了曲纪琛的工作热忱。他想尽自己的绵薄之力去帮助去这些弱势群体，传递自身的能量。

潜心酿酒，何惧巷深

“我一直相信越努力越幸运。”曲纪琛这样评价大学期间的自己，“有时候现实的境遇可能不尽人意，但努力总是没错的，我们要学会抓住机会，利用能够抓住的资源来提升自己。”而他也一直都是这么做的。

从最初的企盼到毕业时的圆满，曲纪琛始终都怀着希望和斗志向前走着，即使曲折，但不曾偏离自己预定的轨道。在谈及未来时，他表示：“将会充分利用欧洲大学学院与耶鲁大学合作项目的优势，在国际政治专业的基础上，去拓展其他方面的专业知识，培养自己的复合型能力和思维。”因为他追求的不仅是深度，也是广度。

当被记者问到会不会因失败而对自己的规划产生怀疑时，他说：“可能会有一些失落并做出调整，但总体目标不会改变，毕竟好事多磨，一件事的成功总要经历一个过程。”

是的，“好事多磨”，追求梦想的过程正如酿酒，需要静下心让它去沉淀、发酵。而曲纪琛正是这样一位耐心的“酿酒人”，无论过程多么漫长、艰难，他的心里始终相信：酒香终满巷。

王博洋：梦是汪洋，扬帆起航

记者　粟诗雨

王博洋，法学院2015级国际法专业本科生，就读于涉外型卓越经贸法律人才实验班，获得法学、英语双学位。本科期间担任UIBE志愿服务中心副秘书长、TAR副主席、《贸大法学》助理编辑。曾先后八次参加英文模拟法庭竞赛，斩获三个团队冠军，荣获两个最佳辩手奖。托福成绩114，专八等级优秀，大学生英语竞赛特等奖获得者。曾于Kirkland & Ellis、Clifford Chance、CDK Global实习。目前已保研至本校国际法专业，并申请至哈佛LL.M.项目，将于今年8月赴哈佛留学。

王博洋，人如其名，她像一片浩渺的海洋，积蓄着无限力量。她的履历惊艳众人：哈佛留学 offer、全球顶尖律所实习生，校志服副秘书长……耀眼的头衔似乎瞬间将她捧到了一个令众人仰视的高度，但光芒的背后，是一条荆棘丛生的征程。

敢闯：成长道路，永不设限

有人说，大学四年稍纵即逝，若想要有一番作为，须得及早确立目标，心无旁骛地走下去。但王博洋却偏偏要说“不”。她始终秉持着“听从己心”的态度，不做埋头向前的匆匆者，要做随兴而行的赏花人。“只要我感兴趣、想去尝试，我就会去做。”她这样说道。正是凭着这股敢试敢闯的劲头，她踏上了模拟法庭竞赛这条征程。

当谈到第一次参加第十届“普莱斯传媒法”模拟法庭竞赛时，她坦言：“比赛强度远远超出了我最初的预料，当时感觉压力特别大。”那时连比赛流程都不甚清楚的王博洋，对于这场比赛所要求的专业知识、专业能力更是知之甚少。面对重重压力，她并未就此止步，而是凭着内心的那股闯劲，一路向前。她开始恶补相关知识，并在队友和指导老师的帮助下渐入佳境。最终，她所在的团队代表贸大挺进了牛津总决赛十六强，赢得了贸大有史以来最好的成绩。但王博洋并不满足于这一成就，她骨子里对新事物的渴望促使她在大三大四继续挑战不同领域的模拟法庭竞赛，并接连斩获了三个团队冠军奖和两个最佳辩手。

她的敢于尝试、从兴而行的洒脱，不仅仅局限于模拟法庭竞赛。在校园内，初入大学的王博洋加入了 UIBE 志愿服务中心外联部和 TAR 助教团队。此后，她还担任了《贸大法学》的助理编辑，甚至远赴韩国参加了 OVAL 的商赛，当被问及参加这场与专业无关的比赛的原因时，她说“我觉得这是一个很好的跨文化交流机会，就决定去了。”是的，这就是王博洋，能够因为兴趣而毫不犹疑地放手去做。走出校园，她先后在全球顶尖律所 Kirkland & Ellis、Clifford Chance 和外企 CDK Global 实习。她说，想要拿到自己心仪的 offer，就要勇敢地投递简历，不要害怕失败，大胆争取机会。而正是这份敢试敢闯的精神，铸就了一个光芒万丈的王博洋。

实干：剑从磨砺，香自苦寒

王博洋敢闯敢试，但却并不是浅尝辄止，而是脚踏实地、持续发力。

从辩论小白到最佳辩手，这其中的艰辛，只有她自己最清楚。王博洋回忆称，大三备战 Vis 时，正是寒假开始的时候，为了赶在截止日期到来之前提交书状，她和搭档在科研楼不断完善修改书状，奋战到凌晨六点。当她和搭档从科研楼走出来，看到提着行李箱准备回家的同学时，她的心中百感交集。在接受采访时，她说“我参加这几个模拟法庭竞赛时，这样的生活算是常态。”淡淡的一句话，却包含了道不尽的辛酸和汗水。

王博洋的实干精神，也贯穿于她大学生活的其他方面。她对校志服和TAR倾注了大量的热情和心血，陪着它们走过了三个春秋。在学术方面，她的托福成绩接近满分，英语专八等级优秀，拿下全国大学英语竞赛特等奖，四年平均绩点3.6+，并获得法学荣誉学士学位……她兴趣广泛，但拒绝三分钟热度，她的兴趣与实干，如同她的左膀右臂，兴趣让她发现自己，实干使她成就自己。

阳光：温暖善良，微笑向阳

初见王博洋的照片，她的笑容便让人觉得：这个女孩会发光。她的光芒不是刺眼、咄咄逼人的，而是温暖柔和的。

当王博洋结束了自己的竞赛征程后，她并未退出这个领域，而是选择继续发光发热，热心指导学弟学妹们参加Vis竞赛。她对于世界、对于生活、对于身边的一切，都怀着一颗温暖、有爱的心。她有宏大的格局和远大的理想，但在追求理想的道路上并不是汲汲戚戚的姿态。大三下思考毕业去向时，她在出国留学、工作和保研之间徘徊不定，最终决定保研、继续深造。虽然过程兜兜转转，但她并不觉得这是浪费时间，相反，她觉得这是一个认识自己的过程。她说："我觉得无须在20岁的时候就为自己的一辈子做好规划，在历练的过程中，很多事情自然而然就会想得透彻了。"而对于申请哈佛LL.M项目，她也坦言，当时的想法是："能被录取是好事，不能被录取也是意料之中的事。"但最终，她的优秀没有被埋没，王博洋成功拿下了哈佛的offer。

在谈及未来时，王博洋表示希望能够在学术方面有所建树，并且想要从事一份能够帮助、影响很多人的职业。

"只要你还对世界怀有一份真挚的热爱，理想主义就永不过时。" 这位闪闪发光的女孩保持着对世界、对生活、对理想的热爱，带着她无限的能量，奔赴她的海洋，乘风破浪潮头立，扬帆起航正当时。

邹孟哲：初心不改，行则将至

记者　梁丙鉴

邹孟哲，外语学院2016级本科生，获得德语、会计学双学位，对外经济贸易大学新闻网记者团副团长，荣获二等奖学金并被评为院级优秀学生。大一暑假曾赴斯里兰卡支教，即将赴德国吉森大学攻读金融与会计硕士学位。

立志有主见

早在四年前，填报高考志愿时的他就做好了出国留学的打算，一心报考对外经济贸易大学德语系。作为一名出身理科的男生，这一决定起初并不被家人支持。比起小语种，邹孟哲的父母更希望他学一门工科专业，他们认为那更像是“男孩子该学的东西”。如果说邹孟哲的父母在为儿子规划本科阶段的学习，那邹孟哲本人则想到了更长远的未来，他向父母坦露了“学一门小语种，通过4+2本硕连读项目出国，最后在国外读博”的规划。我们无从判断邹孟哲本人和他父母的两种想法孰优孰劣，但四年前那个少年为自己的未来所作的打算，则表现出了他成熟而可靠的一面。最终，他也因此成功说服了家人。

态度鲜明有主见，这样的特质在不久之后让他又做出了一个大胆的决定。大一的暑假，邹孟哲申请了赴斯里兰卡的支教项目，他在那个未曾去过的

热带国家停留了两周，教当地幼儿园、小学和初中的孩子们学英语。“有兴趣，就去了，”面对记者的不解，他这样解释选择斯里兰卡作为支教地点的原因。初为人师，他上课时也会遇到学生听不懂的情况，每到这种时候，他会不厌其烦地把一句话换成三四种不同的方式说，直到学生听懂为止。初入惠园时的他不会想到，自己有一天会如此自如地与人交流。

迫切求改变

大学一年级刚刚开学时，邹孟哲一口气加入了三个学生组织，分别是校学生会公关部、院学生会新闻部和新闻网记者团的采访部。当被问及加入这些组织的初衷时，他回以“锻炼交流能力”的答案。那时候记者团人手不够，他每周都会接到一至两次采访任务，熬夜写新闻稿也是常态。高压之下的磨砺让他的初衷得以实现，除了作为一名学生记者的沟通与写作能力在进步之外，他也开始承担更多责任。及至大学三年级卸任时，他已经是记者团的副团长。“每次采访都是一次很棒的经历，”他这样描述在记者团的日子。

2017 年 12 月，第七届首都高校记者基本功大赛在贸大举办。这是一场为学生记者准备的比赛，邹孟哲回忆，其特殊之处正在于让记者这个常常作为旁观者的群体走到台前，而参与筹备这场比赛，对时任采访部副部长的他而言也是里程碑式的经历。在筹备过程中，他负责联络来自北京各所高校的参赛选手、为大赛联系赞助……曾经那个不善言辞的少年经过两年的成长，也逐渐从幕后走到台前，与来自高校、企业的人接洽。“变得比以前更敢说了，”他这样评价自己加入记者团两年以后的变化，“采访的话术、说话的逻辑都得到了锻炼。”

笃学追梦

然而，在学生组织上的投入也让他没能把更多精力分给学业。接受采访时，邹孟哲坦言自己大学前两年的成绩并不是很好。尽管他知道，对于外语学院的学生而言，“多读多背”是避不开的学习过程，大学前两年更是打牢基础的关键时期。但那时忙于三个学生组织之间的他，自觉已经和同学拉开了差距。

转机发生在大学二年级的暑假，邹孟哲经学校交换项目到德国慕尼黑大学参加暑期学校。那时的他学习德语才满两年，初到德国时觉得什么都是新鲜的，课余休息时他便去参观德国一些名声斐然的高校，也常在宿舍楼下的小酒吧里和当地的学生们谈天说地。最令他印象深刻的，还是到德国友人家里，吃了一顿正宗的德餐。这些如今回忆起来略显零散的记忆就是邹孟哲对德国的初印象。

“向往，”他这样描述当时的感受。大二那年夏天的所见所闻和高三结束时的志愿产生了共鸣，让他更加坚定了留学德国的想法。没有豪言壮语，回国后的邹孟哲默默开始努力了。

外语学院大三的专业课更加繁重，一番取舍后，邹孟哲把大半心思都花在了高级德语这门课上。他开始常常出现在图书馆，四层的露天平台和二层的沙发区是他最常去的地方。在那里，他从一篇篇课文开始“啃”，恶补在前两年里落下的基础。经过大三一学年的努力，他获得了二等奖学金和院级优秀学生的荣誉。当被问及如何对语言学习保持兴趣时，他想了好一会，才说：“还是定个目标吧。”四年前，是留学德国这一初心引领邹孟哲进入了贸大德语系，而在本科四年中催他奋进的，也是这一早早定下的目标。

此外，学以致用在邹孟哲看来也是语言学习的关键之一。大二那年，他找到了一位来自德国的“语伴”。彼时邹孟哲初学德语不过两年，二人交流起来也颇显吃力，但他深信大胆去聊才会有收获。大胆去聊，这也是他以即将毕业的学长的身份送给学弟学妹的建议。邹孟哲深深地感到，对外经济贸易大学为学生提供了很多出国交流的资源和由大量留学生形成的良好语言环境，“只要敢于开口就行，”他这样说。

在大学四年中，邹孟哲还辅修了会计学的双学位。谈及选择这个专业的原因时，他说：“会计是一门通用的商业语言，有了会计各种经济事务才可以在企业内部，或企业之间、企业与政府等机构之间进行交流。不管未来是进入企业工作还是创业，会计学都很有帮助，另外这也是为出国做的准备。”想到邹孟哲即将入学吉森大学经管学院继续学习，方才明白这四年里他从没有忘记留学的初心，在贸大这所中国一流的财经类院校，邹孟哲一直在寻找着能够帮助自己实现规划的资源。

初出校园

良好的成绩让他在大三下学期获得了捷豹路虎（中国）投资有限公司公关传播部

的实习机会，这也是他的第一份实习。在这段为期三个月的实习经历中，他细致了解了一家国际化大公司内部的组织机构设置，还为自己的毕业论文收集到了充足的素材。“要做实事，”邹孟哲说，“在大公司的实习经历认可度比较高，但也要踏实做一些实事，这样你的实习经历才有价值。”怀着这样的信念，他还申请到了德意志工商中心的实习岗位，在德国全资企业跨文化的工作环境中了解到德国企业的运营管理模式，也学习到了应该如何做好本职工作，维系人际关系，提前适应了德国式的工作环境。

时光飞逝，如今邹孟哲也即将毕业。即使目前受到疫情的影响，他还隔离在家，但他准备毕业论文、答辩的进度并没有被打乱。自春节之后得知不能返京，他便准备了一个计划本。在他每日为自己安排的任务中，除了撰写论文，还有为备战德福、雅思所做的准备。“在家反而有更多时间留给自己，”邹孟哲这样评价自己的隔离生活。他正在用离开惠园前的最后一段时光，为更遥远的未来做着准备。

被问及有什么话想对四年前大一的自己说时，邹孟哲只说了“不忘初心”四个字。2016 年他怀着留学的愿望踏入校园，那时他自问不善与人沟通，便一口气加入三个学生组织，迫切地寻求改变，他申请慕尼黑大学的暑校，远赴地球另一端去看自己心向往之的国家，他主动选择更重的课业压力去学一门双学位，让自己留学的道路变得更加平坦……邹孟哲一直都记得填报志愿时的初心。如今他已经收到吉森大学的录取通知书，这个愿望终要实现，而四年来邹孟哲的所作所为，便是“不忘初心”这四个字最好的注脚。

在贸大的校园中，最令他印象深刻的地方是图书馆四层的露天平台，“春天时花会开得很好看，”他这样形容那个地方。那是他背课文的地方。

姜珺吉：向外探索世界，向内发掘自身

记者　阴　蒙

姜珺吉，对外经济贸易大学国际关系学院2016级学生，曾获国家奖学金、校级社会活动积极分子等奖励荣誉。为中国大学生国际贸易学会、惠园北清校友会执委会、青年成就（JA）成员，曾工作于斯坦福大学亚裔肝脏中心（NGO）、西门子等机构。也曾作为青年代表赴瑞士联合国国际组织访学，公费赴法国&意大利交流。保研获北京大学区域与国别研究院直博、中国人民大学国际关系学院直硕等录取资格，最终选择前往中国人民大学国际关系学院攻读硕士学位。

走自己的路，认识最真实的自己

2016年，姜珺吉像很多人一样，怀揣着自己的梦想考入贸大。那时的她虽然也有过迷茫，但却清楚地知道在这四年里，她要做的就是正确地认识自己，在不断尝试中找到真正属于自己的天地。因此，她积极参加各种国际交流活动，抓住机会，开阔视野；对于课内知识，她要求自己获得包括但不限于书本的认识。

博观而约取，实践出真知

在谈及国际政治专业的学习方法时，首先强调的就是广泛阅读。她说："国际政治是一门非常年轻的学科，专业学习涉及多门基础学科。因此在学习时，往往要自主学习和探索其他学科的核心课程，比如政治心理学，政治社会学等就具备交叉性质。这就需要我们进行广泛阅读。"

在她的观念里，国际政治的专业学习是和生活现象紧密联系在一起的。如果能用自己学到的知识解释现实生活中发生的国际热点事件甚至判断此类事件的走向，那么将会大大地提升对本专业的认知和掌握水平。

姜珺吉结合自己的丰富经历对深入学习国际政治专业表达了自己的见解：在学习和研究过程中将视野局限于二手甚至三手资料是不够的。比如如果想做区域研究，仅从书本资料入手难免出现偏离，区域研究更需要我们“走出去”亲身领略和实践。所谓“实践出真知”，是学习国际政治专业的关键点，这也是她在校期间积极参加交流活动的原因。

宁静致远：落脚当下，勇于尝试

谈及对未来的规划，姜珺吉认为：“我更愿意着眼于当下。立足当下不是对自己没有要求，我会在日常生活中设定‘小目标’，在逐步前进的过程中，根据新情况不断优化自身。因为个人观点是距离‘未来’越远，信息不对称的情况就越严重，做出的决定就不一定是最优选。我更愿意在实现‘小目标’的过程中逐步减少信息不对称，让脚下的路更清晰。而且，变化在这个时代不是新鲜词，与其苦苦挠头也难做出关于未来的决断，不如先抓住‘不变’的东西，比如视野、思维和能力。”在姜珺吉的观念里，把规划定为在某时某地做某项工作等于活在框架之下，反而拘束了自己的发展。因此姜珺吉选择落脚当下，回归生活的每一步，每经历一个新的环境，都要让自己获得特定方面的进步，从而不断精进。

国际组织：责任与兴趣的交织

她曾工作于斯坦福大学亚裔肝脏中心（NGO），这是一所国际非政府组织，旨在科普乙肝知识，消除乙肝歧视。调查数据显示，中国每14个人中就有1名慢性乙肝感染者，而对乙肝的相关科普相对比较匮乏。当她亲身参与“世界肝炎日”活动的筹备工作时，能感觉到自己多少在为公共卫生做一些小事情。而在瑞士的访学经历则使她对国际组织的了解更加深入。体验多元文化背景下的工作环境、聆听国际热点事件相关科普讲座及参加模拟贸易谈判等活动极大地扩展了姜珺吉的视野，增加了其对国际组织的了解。此外，姜珺吉还为贸大的学弟学妹们提供了国际组织的实习经验：“比较多的对国际组织感兴趣的学生会经历一个类似于进阶的过程，例如从非政府组织到国际组织驻华代表处再到海外实习，当然这个过程不是绝对的，感兴趣的学生可以提前做好规划。”

姜珺吉与贸大；如“鱼”与“水”

被问及在贸大四年中印象最深刻的经历时，姜珺吉表示很难选择：“我很难给出排序，正如我经常很难做出教评排序（笑）。每项经历都不可或缺，每次学习都有苦有甜，很多事物的影响并不是即刻转化生成，它们共同塑造了我，印象都很深刻。”她对在贸大的每一项经历都记忆犹新，从发人深省的课程，如当代西方政治思潮、中国古典美学等到她参与的学生组织，如中国大学生国际贸易学会等都影响了她。至于贸大带给了她什么，她认为是开放的平台和多元的机会，每个人都在自己的领域闪耀着。不过她也提醒大家在这一过程中要警惕多元可能带来的“煎饼人”隐患。此外，姜珺吉还谈到了贸大的国际交流活动，贸大国际交流中心组办了丰富的国际交流活动供大家选择，这也是贸大国际培养理念的一个体现，有倾向的学生可以多多关注官网。

最后姜珺吉给贸大的学生留下寄语：要“认识你自己”，虽然是老生常谈但又不得不提。标签、头衔等作为人类偷懒的一种方式用来形成各种初印象，但大家在面对自己时要保持客观。A 机制下的优胜者可能就会在 B 机制吊车尾。为了拥有灵活应对的能力，需要大家不断地反省内观，寻求突破。此外，姜珺吉还谈到了同侪压力，因为很多学弟学妹们向她咨询过类似问题，她认为这件事情也可以通过提升自我认知来解决，借用一句话作为回答，“当一个人自身不确定，就觉得四周都是要改变自己的力量。一旦自身确定了，看其他人其他事就成了画。画里都是有趣的人。”

希望大家不被一时得失困住脚步、希望大家在破除外界赋予你的光环后仍然由衷地认可自己、也希望大家相信伟大与卓越的力量。

聂书涵：未来阳光正好

记者　邓文雯

聂书涵，对外经济贸易大学统计学院 2016 级金融数学专业本科生。在校期间，聂书涵学习成绩优异，曾获国家奖学金、校级优秀学生等荣誉；曾任统计学院分团委学生会副主席，获北京市“先锋杯”优秀团干、北京市社会实践先进个人等荣誉；于大三学期赴瑞士联合国总部进行短期交流，与 WTO 等官员座谈、了解国际形势。目前，聂书涵以全额奖学金保送到北京大学汇丰商学院，攻读数量金融方向的金融学硕士。

校园生活，学业与实践并趋

统计学院的金融数学专业自 2016 年首次招生，转眼之际，第一届学子就要毕业了。聂书涵在高考填报专业时便把金融数学作为第一志愿，对数学的热爱可见一斑。然而，她作为第一届的金数本科生，“快准狠”的培养方案及繁杂的课业压力让她大一时有些疲惫；其次，大一参加了两个社团活动，也让她的时间常常不够用。多种综合因素导致她大一上的成绩不太理想，也越来越怀疑自己的能力。后续，聂书涵寻求了直系学长学姐以及老师的帮助，才真正开始思考未来的问题，以及规划精力和时间的分配，最终大一下学期的成绩也相应提高，获得了班级第一名。

关于学生工作经历，聂书涵也是遵循上述严格的时间分配。她曾任统计学院分团委学生会副主席，管理学生会的外联与项目部事务；也曾协助所在班级进行视频制作，帮助本班获得“校级先进班集体”的称号；此外，她曾赴河南漯河支教，帮助初中小朋友学习课程及心理辅导，据她所言，现在也在保持着良好的联系。繁杂的事务工作最为考验一个人的心智与耐心，在这方面，聂书涵的确做到了时间效用最大化。

对于大学校园生活的总结，她认为，大学往往会充斥着信息和噪声，而在繁杂的选择中，信息洪流会常常误导自己做出错误的决策，不论是参加一个竞赛、一次实习，或是一个社团、一个项目。因此当她在做出一个决策时，常常会问自己三个问题：为什么要做？需要付出的机会成本是多少？以及回报是否有价值？例如，她很早就把保研放在第一位，因此选择的优先级第一位是学业，其次尝试竞赛，以及实习；相应的，考虑本科就业的同学，也许会更加重视实习；而出国的同学也许更为重视美国数学建模等竞赛。她认为，不同的目的有不同的决策，而保持清醒认知才是发挥最大价值的硬道理。

实习实践，职场是另一个课堂

聂书涵的实习经历相当丰富，截至目前曾在五家机构实习，涵盖咨询、券商、基金和 VC 等行业。她希望给大家分享的经验是，所有的工作都要尽量努力做到“above expectation”。她时刻牢记并遵循“25%法则”，即如果付出 75%的努力就可以做到刚过要求线，那么大部分人通常都不会用100%的努力做到完美。而在职场中，大部分上司期待的是“眼前一亮”，即除却指定工作量外仍需要25%的拓展。可以从最简单的，excel 表里多添加一段总结做起。通过上司的提点，后续她在实习的时候也学会了认真思考每一份工作的意义，获得了不少的收获。

聂书涵的另外一点总结是，“时刻保持谦卑与谨慎。”实习交流不同于课堂互动，是在实践中出真知，上司也不会同老师一般谆谆教诲、耐心包容，

而实习容错率低、试错成本高昂。因此，对待任何任务都需要保持谦卑与谨慎的态度，避免上司“扣印象分”。

科研探索，精力分配是重头

聂书涵初入科研是在她的大一大二学年，自学编程软件，并参加了科研立项以及经贸热点竞赛、海峡两岸市场调查大赛、国家大学生数学建模等科研性质的比赛。在积累一定的实战经验后，她在大三修读相关的编程及计量课程，并独立撰写了公司金融领域的科研计量论文，科研经历更为丰盈；此外，她于 2019 年 2 月作为科研助理参与到其指导老师的论文研讨班中，每周研读一篇 50 页以上的英文文献，也对她的文献阅读和科研能力有巨大的促进作用。

聂书涵对科研经历的总结可以陈述为八个字，“星芒万里，瞬时毫厘”。她认为，正是依靠之前点滴的努力，才会有日后夯实的科研基础。据聂书涵所言，她在大三的精力分配方面比较重视科研学习，这一方面是由于大三的课业紧张，竞赛的机会成本偏高；另一方面，大二时期的基础不牢固，科研能力有限，因此决定大三时期撰写一篇科研论文，供日后保研、竞赛等用途，也能够为未来研究生的科研实践做铺垫。

保研之路，辛苦都是礼物

“保研的这几个月，说长不长、说短不短，单看路尽头的果实能否抵得上这条路的付出，”聂书涵如是说道。在她的保研之路上，周围的朋友有失意也有得意。但相较于最终的高额回报，短暂的失败确实不值一提，更不能因为一次失败而心态崩盘、放弃后面的尝试。她有一句话想与大家共勉，“夏日里的计划有许多没有做到，但遗憾归遗憾，不要停在这里为过去的事情懊恼了。正因为你还有许多事情想做。”

她强调：“保研是一个信息战，合作竞争才能够效用最大化。”不论是模拟面试、组队参营，或是交流热点，她认为团队合作会有非常大的正外部效应。再加上今年的疫情影响，不确定性因素太多，更需要大家一起携手前进，互相帮助。“风物长宜放眼量，保研路上的一点一滴，或苦涩或甜蜜，都值得细细体会。”

最后：长路漫漫，未来可期

大学生涯使聂书涵深知学习探索的宝贵与不易，四年时光弹指而过，值此毕业之际，她也表达了浓浓不舍之情。她表示，四年来同窗好友的互相协助、同行朋友的帮助和关心、老师的谆谆教诲与悉心指导、无限包容的上司与同事，以及一直以来默默支持的父母家人，她将永远铭记于心。今后，聂书涵也将继续在金融数学领域求学，于汇丰商学院就读金融方向，致力于将踏实的数学分析与研究能力运用于价值投资中。同时，她也将夯实专业基础，争取在顶级期刊发表文章，以及顶级券商、私募基金等金融平台的实习机会，提升实践水平。未来，她将继续以研究生生涯为新的起点，厚积薄发，努力拼搏。

最后，以她写在毕业论文致谢部分的结语作为结尾：

“韶光易逝，惜少年时。大学生活让我真切的深知生活的不易与生活的可爱，我也相信未来阳光正好，我将永远在路上。”

实践创新赢未来

用语言敲开外交大门
孙浩宇：外交需要信仰，理想不负韶华

记者　王　虹

孙浩宇，外语学院俄语专业2016级本科生，中共预备党员。在校期间被评为校级优秀团员、五四优秀团员，获综合二等、三等奖学金。任外语学院2016级年级大班委。曾于第124届中国进出口商品交易会、国家图书馆海外中国问题资料研究中心实习，曾在亚洲文明对话大会、第二届“一带一路”国际合作高峰论坛等大型活动担任志愿者，参与翻译工作。大二时通过外交部非通用语定向培养人才选拔，被确定为外交部2018年定向培养人员，在校期间由外交部派往俄罗斯莫斯科国际关系学院交流一年，交流期间协助使馆完成庆祝中华人民共和国成立70周年暨中俄建交70周年招待会等工作，毕业后将入职外交部。

会心不必在远，志向当播天听

作为一个理科生，孙浩宇或许没有想到，只是因为填报志愿时在众多理工科专业之间插了一个语言类学科就从此与俄语结下了不解之缘。虽然这一段进入贸大学习俄语的机缘妙不可言，却也并非意料之外，无根可寻。孙浩宇出生在一个有浓厚红色思想的家庭，从小就被教育要做一个为国家做贡献的有理想有担当的人，所以小时候那些从耳朵浸入灵魂的话语一直伴随着他，指导他的一言一行，为人处世。或许也和他与生俱来的性格有关，孙浩宇的心里始终装得了别人的苦乐辛酸，载得起大千世界。他自小就渴望自己的生活能够有一个更大的半径——走到更远处，帮助更多人，所以在得知自己可以填报小语种专业的时候，孙浩宇为之一动，“感觉心里沉寂了多年的理想的小火苗被点燃了”。

在贸大学习外语的这几年没有让孙浩宇失望，他在莫斯科国际关系学院交换期间明显地感受到了贸大复合型人才培养体系的优势，而且他也从学习之余参加过的许多学生工作和志愿活动中收获颇多。回首来路，虽间有风雨，但也不乏朗日风清。对于母校，万千感喟抵不过一言，孙浩宇说：“贸大给了我内心最想要的选择。”

负重只看脚下，清识可达四方

一件事情的起步往往较难，咫尺之遥有时需要千钧之力，更何况与其他一些语言相比，俄语的语法变化更为复杂，对于初学者来说具有很大的挑战性，颤音也是一大难关。在谈及学习俄语的经验时，孙浩宇说学习任何语言都要先有一个积累的阶段，在逐渐学习的过程中便能够找到语言之间的共通性，摸索出它的规律，感受到其中的乐趣。而且，一旦走完狭窄崎岖的道路就会豁然开朗，如入桃花美境，不复起初的诘屈晦涩。孙浩宇说在逐渐掌握俄语之后，他能够探索语言背后交织的文化，感受到欧洲乃至世界大国的风云变幻、兴衰交替，那样一种努力学习之后的奖赏是无可替代、非常值得的。当然，正如振翅的蝴蝶在破茧以前都要经历漫长的苦闷挣扎，任何语言在舌尖上的轻盈都需要背后默默无闻的努力。对于练习颤音的那段时间，孙浩宇仍然印象深刻，他在军训时就开始练习颤音，却苦于找不到方法，直到同学启示他找一下小时候模仿机关枪的声音的感觉，他才成功地发了出来，这时候，万般辛酸都化成了悦耳的声音，可以付之一笑了。

一心经纶时务，万念都是家国

在谈到大学期间印象深刻的事情时，孙浩宇提起了当时代表学院去采访一位学长的经历。他很高兴有机会采访到了2014级波斯语专业的沈黎明学长，而这一段经历就成为他成长路上一处绮丽的风景。沈黎明学长也是在大二时通过了非通用语种人才选拔考试，他对于外交事业之于个人和之于国家的意义有自己的见解。通过沈黎明学长的分享，孙浩宇原本隐于性情中的那些价值观被牵引了出来，“要将小我的建设融入大我的建设中”“要在实现国家发展的同时实现个人的小我”这些话语振聋发聩，时时在孙浩宇耳边回响，提醒他记得选择这条道路的初心，引导他走向那个更为光辉的方向。孙浩宇还说：“外交是一个需要信仰的职业，也是一个始终都在路上的职业。”一路前行，一路反省，孙浩宇对外交事业的认识在逐渐深入，与他理想的人生状态也越来越接近。

伊以诚心待韶华，想韶华终不负

一个人的脾气可冷可热，可浓可淡，孙浩宇则恰恰处于坐标轴中间，更像是三月的暖阳。他说自己的性格偏文一点，喜欢摄影、旅游。摄影是一种让时间静止的魔术，那是一种静美的气质；旅游是他所向往的“读万卷书，行万里路”的生活方式，那是一种跃动的气质。在大学期间，他加入了校报记者团担任摄影记者，两次运动会中他在体育场上跑来跑去，变换着各种姿势，扣下了许多次快门。尽管胶片的光影中并没有他自己，但是那些天的颜色、气息和感受也分毫不差地留在了他的记忆里。对于生活中的一事一物，他有一种近乎虔诚的认真，在莫斯科的街道上遇到的乞丐老爷爷、卖唱的艺人和在店里遇到的莫斯科大学毕业的老奶奶都能触发他的感知细胞，引发他的思考。他在用手摸索着时间的墙壁，认认真真地说着想留给自己和别人的话，哪怕前行已远，都还能听到回音。

善意存于心，谦虚待人；宽容表于貌，不慕虚誉，对于自己和世界都怀一份好奇，也留一份尊重，这正是孙浩宇的生活态度。希望我们能够珍惜他所经之处留下的恰到好处的一袖爽朗和数点阳光。最后，孙浩宇寄语学弟学妹们珍惜时光，圆梦惠园！

梁陈姗：翻译路上的开拓者

记者　马文婧

梁陈姗，外语学院 2017 级朝鲜语口译专业研究生。综合排名 2/34，获评 2017—2018 校社会活动积极分子、2019 年“十大杰出研究生”。硕士在读期间，以第一作者身份发表朝鲜语论文一篇，参与上海外语教育出版社《商务韩国语》教材编译项目，曾任 CCTV 国际频道新闻编译，中韩经贸合作交流会翻译等。获韩国国际交流财团奖学金、第九届未来韩中交流创意大赛大使奖、王林生奖学金、硕士学业一等奖学金。在校曾任职于研究生学生会学术交流部，毕业将就职于美的公司总部从事海外营销业务。

小小的身体蕴藏着大大的能量，是梁陈姗给人的第一印象，这个如向日葵般的女孩，“无畏而坚韧”是她的代名词。她总是勇敢地接受挑战，主动地向未知前行，“人生的可能性太多了，值得学习的东西也太多了，要用开放的心态去不停地探索。”贸大几载，梁陈姗未收回过自己那双擅于抓住各种机会的双手，自始至终，她都带着一股韧劲，不断前行。

无论是本科还是硕士，梁陈姗的成绩一直名列前茅，她喜欢学习，但她笑言自己不是个“只会学习的学霸”，而是一个具有开拓意识的体验家。大三时她被公派前往庆熙大学交换，“首尔有一家书店，是两位老人在经营，我每周都会去买一本书，但更开心的是去跟他们聊聊天，一聊就是半个多小时，去商场时也是这样。”梁陈姗的留学生活与许多留学生不同，相比于在学校里读书练习翻译，她更热衷于外出与本地人交流，积极融入本地学生的圈子，参加他们每一次的活动，抓住任何可能的机会来充盈自己。这不仅让她的专业能力得到快速提升，也构建了她跨文化交流的思维方式，使她获得了学习生活双重飞跃式的进步。以此为出发点，她鼓励学弟学妹们抓住贸大现有的交

换资源，多去体验，发展自我。2018 年，梁陈姗在“未来韩中交流创意大赛”中的表现也体现了她开拓的意识、灵活的思维。她将目前火热的游戏行业与中韩年轻人的交流问题有机结合，提出《穿越大陆－中韩游戏内容共同开发方案》，该方案既关注游戏除娱乐性外的更高价值，又有望将中韩文化相互输送的过程趣味化、便利化，受到了评委们的一致好评。

她也喜欢从实践中汲取营养。在 CCTV 当编译是一段令她印象深刻的经历。梁陈姗当时的任务是追踪编译朝韩首脑会晤的新闻，在严谨而高压的翻译条件下，她敏锐地察觉到“比起全面，做口译更应抓住核心、重点明晰，才能给公众提供有价值的信息。”从而及时纠正了往日的习惯，为今后的翻译工作筑下更为牢固的地基。就这样，她从实践中一点一点发现翻译的奥秘，终将积累的经验化为自己向前开拓的力量。

梁陈姗的开拓性也体现在她对自身可能性的挖掘。她不仅一直坚持乒乓球运动，在校时多次参加比赛，而且最近还下决心报名了瑜伽舞蹈班，“虽然我身体的协调性不太好，但我想让自己多尝试一点，挑战自己的不可能。”

这个对自己的未来有着许多构想的女孩曾经想要成为一名翻译家，但她思前想后，认为那样定式的工作不是自己真正想要的，她更喜欢的是跟人打交道，跟世界所有的

可能性打交道。所以临近毕业的她在寻找工作时并未将自己局限在翻译行业，而是将经贸、影视、互联网等行业均纳入了考虑范畴。对未知领域有着极强好奇心的她最终选择了前往美的总部做海外营销的工作，“我希望能够见证中国企业的国际化进程，我也希望自己负责的产品、项目能够让别的国家刮目相看。”她眼中的语言不是赖以维生的工具，而是航船上的罗盘，用以辅助自己实现

更广更远的梦想。

最后，她认真地留下了对学弟学妹们的寄语：相信今天所做的一切努力，都会在将来以各种各样的形式给予反馈，不忘初心，无谓成败，不负韶华，无问西东。而她也将怀揣着对世界无限的求知欲踏上新的征程，用她蓬勃的生长力，继续探索属于她的远方。

吕尧：七年耕耘外交梦

记者　王　淇

吕尧，2018 级英语学院英语口译专业硕士研究生。在校期间担任英语学院英语口译专业班长，获学业一等奖学金。2019 年通过外交部提前选拔，即将赴外交部任职。

接到采访时，吕尧正身在美国加州，参加外交部遴选考试过后的培训。即将进入夏季的加州，阳光一如既往地灿烂热烈，在家上网课闲下来的时间，吕尧常常一个人戴着口罩漫步在河边，吹一吹清风，防疫阶段的美国让他能静下来去思考一些更深刻的东西，关于人生，关于未来。提起半年前的那场遴选考试，吕尧的语气里满是平静，仿佛只是一场人生众多考试中的一场小考。

每个外语学子心中大概都会有一个外交梦。外交部，也是外语学子能够去到的最好就业平台之一，在吕尧看来，这是一个非常适合发挥自我能力的地方。除此之外，因为身上那股青年人的热血，他渴望着为国家的外交事业尽自己的一份力量。说起自己与外交部的故事，吕尧坦言，自己并不是从小就树立了外交梦，他所做的更多是脚踏实地、扎扎实实地学好专业知识。所以等到外交部遴选考试的机会来临，对于在英语专业上耕耘了七年的吕尧来说，一切都是顺其自然、水到渠成。

脚踏实地的修行者

进入外交部是很多学子的理想，但是最终能实现理想、得到外交部通行证的人却是少之又少。而吕尧的这张通行证，名字叫做踏实。

吕尧在本科生和研究生阶段的专业都是英语。长达七年的耕耘时光皆是始于一朝的兴趣。高考结束时，出于对英语语言文化的兴趣，吕尧选择报考英语专业。本科阶段，他也始终保持对英语的兴趣和热情，在强化高中已有的英语知识基础上拓展自己的视野，主动地从更多元的角度去认识世界。但在这个过程中，他逐渐发现，英语作为一门语言工具，很多其他专业的同学也可以学得很好，所以本科英语专业的学习并没有办法让他的核心竞争力更加突出。在充分衡量自己的能力和兴趣之后，吕尧选择继续进行研究生阶段的学习。

然而，生活并不总是一帆风顺。当吕尧做出考研决定的第一年，他落榜了。对于热爱英语专业并想继续深造的吕尧来说，这次考研的失败给他带来了不小的打击，但他选择默默消化悲伤的情绪，稍事整顿后，立马做出了再战的决定。“就像是在孤注一掷，”吕尧回忆自己的心路历程，“我相信我自己一定能考上，我有能力也有精力。”凭着这样的信念，吕尧踏上了再战的征途。再战考研不仅仅是能力的较量，更像是一场心理战，这时好的心态比什么都更为重要。为了专心复习，他专门在外租房学习，吸取之前考研准备不充分的教训，踏踏实实地展开复习。在这段时间，他把自己的状态变成了一个修行的“僧人”，不怒不哀、踏实平静。

“琢之磨之，玉汝于成。”经过一年的沉潜和苦心雕琢，心里的木石终于变成了光华四射的玉石。当看到成功上岸的通知的那一刻，他心中除了兴奋，更多的是轻松，他终于可以拥抱那本该属于他的未来。

进入研究生阶段，学习难度也大大增加。学习口译专业，需要付出比本科时更多的时间和精力，不同于本科生阶段的兴趣使然，这个时候的吕尧，更多的是把英语当做一个“职业技能”来看待。研究生阶段的深入学习也使他能够更加自如地运用这门工具。

七年的学习时光，让吕尧对英语专业的认识更加深化，他提到：“本科学习的英语并不能成为你的技能，等再进行深入学习，掌握了笔译或者口译技巧的时候，才可以说英语是一门让你和别人不一样的优势技能。”

“英语为我打开了新世界的大门”

把专业当做爱好来学习的吕尧，也遇到过瓶颈期。有段时间，他会产生“不知道该怎么学”的困惑。英语的学习贯穿了他的成长，这些知识，高中反复讲，大学反复练，一时间，他竟有种无从提升的感觉。但当他继续学习到一定程度时，他逐渐发现了英语的美——“英语为我打开了一扇新世界的大门。”透过这扇门，可以了解到西方人看待世界的方式。在了解更加深入后，他发现西方人的世界观有时候会让他们对中国产生一些误解，这个时候，他会思考——“如果我是一名翻译，应该如何表述，并解开这样的误会。” 英语学习就是像这样，从刚入门时的兴趣，到发现自己能读懂外刊、能够自如地和老外交流的惊喜，再到多元角度看世界的思考，每一个阶段的学习都有新鲜感和获得感，让你发现自己还有不足，还有很多可学的东西。正是在这个不断的思考和学习过程中，吕尧一步步踏上新的台阶。

谈到如何进行英语学习时，吕尧说：“英语能力不是靠证书的多少来体现，而是要看你的运用能力——你能不能运用这个工具达到和外界沟通交流的目的。” 在他看来，要明确英语的“工具性”，要让自己的英语技能“走出去”，运用英语技能去了解国际国内的最新事件，并以此为契机，培养自己的国际视野。对于想进入外交部的学子，吕尧也给出了他的建议，外交部是一个十分看重综合素质的平台，在提高自身专业素养的同时，也要重视全面发展和国际视野提升，把自己塑造成“学习型人才”。

“脚踏实地，功不唐捐。”回顾自己这些年的学习和生活，吕尧用这样一句话来总结。以往人生的不如意和考研二战的经历，他比谁都更懂得这句话的含义。人生的经历不可能一帆风顺，在遇到困难时，但行好事，莫问前程，继续脚踏实潜心修行比什么都更为重要。他坚信风雨过后必有彩虹，所有的努力不会白费，等到下一个机会来临时，好运必将翩然而至。

黄钰：用赤诚之心拥抱世界

记者　黄文婧

黄钰，中国世界贸易组织研究院2017级世界经济专业硕士。2017级班级团支部书记，综合测评排名年级第二，全国大学生英语竞赛二等奖、优秀研究生干部奖学金、光华奖学金、学业一等奖学金获得者，于2019年五月底赴瑞士日内瓦WTO秘书处经济研究统计司实习。

这个夏天，有人尚迷途彷徨，有人却已逐梦路上。背上行囊，远别故乡，黄钰在经历了研一研二两年的磨试之后，拨云穿雾，崭露锋芒，迎向新的生活与理想。

飞行在三万英尺的天空之中，黄钰回忆起自己大学时光的点点滴滴。初入惠园时，她仍有些许迷茫，但是学校丰富的国际文化交流活动给她提供了许多“走出去”的机会。“贸大是中国高校里的瑞士。这里汇聚了来自世界各地的留学生，语言氛围十分浓厚。”借助这样的条件，黄钰不断地提升自我，为走向世界而努力。

“我热衷于参加一切‘外事活动’。在参加这些活动的过程中，我提高英语的愿望愈发迫切，而这种对语言的喜爱也给我带来了意想不到的收获。”英语的提升与文化的学习相辅相成，这也使她收获了全国大学生英语竞赛二等奖的荣誉和许多不同的体验。黄钰积极报名参加了带领国际留学生参观校史馆的志愿活动，成为校史馆的英文讲解员。在这次活动中，黄钰结识了一位非常优秀的来自墨西哥的同学，他带着黄钰上了一学期的留学生课程，使她充分感受到了留学生的课堂热情，同时对拉美文化有了进一步的了解。

在与外国朋友的相处中，黄钰逐渐意识到英语也具有一些局限之处。为了能与更多人用使他们感到亲切的母语进行交流，成为跨越国界的挚友，黄钰报名参加了留学生语言课程。这堂课不仅使她快速地掌握了小语种的日常对话，还让她结识了更多有趣的外国朋友。

黄钰对于对语言的热情、对专业的喜爱以及对外部世界的憧憬给她的老师留下了深刻的印象，她所具备的文化包容能力和文化交流热情也十分符合 WTO 选择实习生的标准。在老师的介绍下，黄钰将 WTO 的实习计划列入自己的奋斗目标之中。即使这是冒险的一步，但想到广阔辽远的世界和新鲜未知的事物，黄钰还是选择去挑战这个“不可能”。“我自己对于这次实习机会非常重视，当身边的同学纷纷加入秋招大军时，我坚定不移地选择了以延毕为代价申请这份实习，巩固 WTO 相关知识，为自己的英语听说读写能力设置更高的目标，并为之努力。”她夯实基础、开阔视野，将目光投向更高远开阔的世界。最终，黄钰深厚的专业知识与文化素养、丰富的英语口、笔译的工作经历和精通多国语言的语言能力使她成功圆梦 WTO。从全国唯一一个以 WTO 命名的研究院毕业，以世界经济为专业，到最终走向 WTO 参加实习，黄钰用自己的行动诠释不忘初心，用自己的奋进与拼搏实现拥抱世界的梦想。

“一路走来，我感恩自己遇到很多愿意帮助我、照顾我、指点我的人。但是走出校园这座象牙塔，一切都是未知的。我不惧风雨兼程，希望自己在这两年的实习中能够更加成熟。”在踏上远途之前，黄钰为未来的自己做好新的规划：“我希望自己接下来在日内瓦的每一天都能如在惠园中一样：坚持锻炼，保持微笑，不断挑战自我。这将是一段难能可贵的人生经历，希望我能做到不辜负老师的期望和父母的苦心。”

贸大于她，是过往美好回忆的剪影，是今日远行的出发点，也是明朝光芒四射的底气与资本。她心怀最初的梦想，走向更广阔的世界，属于更辽远的未来。在与惠园作别之际，她也为仍在这里为梦想而奋斗的学弟学妹留下衷心的祝福：“希望学弟学妹们珍惜在贸大读书的每一天，在平凡的生活中磨砺出不平凡的灵魂。永远不要停下追梦的脚步：机会只为有心人停驻，幸运也只为努力而代言。”

甘海昀：流年可忆，未来可期

记者　孙嘉璇

甘海昀，英语学院商务英语专业2016级本科生。学习成绩优秀，实践经验丰富，课余生活充实，曾担任2017人民网大学校长论坛特约记者、2019人民网“你好，我的大学”特别企划主持人、对外经济贸易大学新闻网记者团团长、采访部部长。2017年获北京市大学生记者基本功大赛新媒体创意奖、团队二等奖，完成多份校外实习工作，曾在中国日报社、《VOGUE服饰与美容》杂志社、环球教育集团等进行实习。即将成为新东方北京学校教学培训生项目成员。

兴之所至，心之所向

作为英语专业的学生，对于语言学习，甘海昀有着很深的感悟。她认为，想要精通一门语言很大程度上要靠自己的努力，课堂上跟紧老师的长难句的解析或者词汇上的扩展和积累，课后看一些英语小说或电影，是有效的搭配。从小学一年级一直到大学毕业，甘海昀经常自己对着镜子练习读英语，“读书对于外语学习至关重要”，这是她学习多年英语总结出的经验。

除了通过接触英美流行文化来辅助语言学习之外，从特定的历史角度去钻研语言学习也是她摸索出的一条虽

非捷径、但却受益匪浅的方式。从小学习钢琴的甘海昀对西方音乐史非常感兴趣，很多人的印象中历史十分枯燥，但是她却能从其中找到属于自己的乐趣，不同的音乐风格存在于哪个音乐背景中，不同的音乐背景又对应着什么时代，不同时代的社会背景又会产生什么样的文化现象等，皆是甘海昀精神世界的砖垒。

身为学生的甘海昀对英语以兴趣为主，而如今经历着向英语教师角色的转变过程，却让她的想法发生了改变。英语学习最根本和扎实的提高途径，不外乎对于单词的记忆，但这离不开一定的方法和技巧，这时教师的意义就显得格外突出。甘海昀认为，词汇背诵、应试方法固然重要，但是文化渗透、文化普及更为深重，教师应该在教授方法的同时，带入不同领域的文化现象的传授，这才是能真正让语言文化融入血液的道途。

以梦为马，从学生记者到官媒管理者

年轻就是敢拼，青春就是给年轻人试错的机会。甘海昀用自己的经历为我们展示了这句话的含义。对于初入惠园的她来说，媒体、记者、搜索问题、创作稿件等，这一切本对她来说都是新鲜而遥远的名词，但是天生的好奇心不断地驱使她走进融媒体的世界。

“必须发挥主动性，将想法变为现实。”要做学校的官方媒体，各种阻碍和压力必然不少，这时有人选择退缩，有人选择攻克，甘海昀就是后者。已经成功延续四年的原创推送“双 11”系列，在最初便是诞生于她的笔下。大一时还略显稚嫩的她，面对这么重要的文案撰写，并没有被传统思路束缚住手脚，相反，她发起了头脑风暴，进行大胆的创新与融合。“在当今社会的碎片化阅读的趋势下，纯粹意识流、空洞的内容是没有意义的，只有思维活跃、有中心思想的文字才会更加受到读者青睐。”甘海昀一直坚信有思想、有内涵的文字才是有意义的、才是最打动人的，这也是作为一个记者、一个新媒体人工作的责任。

大二时，身为采访部部长的甘海昀，作为队长带领三名组员参加了北京市大学生记者基本功大赛，第一次担当大任的她携队友经过了赛前的通宵备赛，最后以第二名的成绩挺进决赛。虽然许多人都觉得这个成绩已经足够优秀了，但是扛起大旗的她却认为这个结果并不理想，甚至一度对自己作为学生记者的能力产生了怀疑。直到后来，在人民网大学校长论坛的现场转播活动中，她了解并参与到真正的媒体如何进行前期准备、切入报道事件，逐渐从自我否定转移到自我肯定，找准了自己面对新闻事业的清晰定位。

大三时，甘海昀担任了校新闻网记者团团长的职务，经历过历练的她，眼界和心境都已不同于往昔。曾经的她，可能只是一名专注于采访和文案撰写的记者，但是已经作为团长的她，需要肩负起更多的责任。在统筹规划又一次人民网的直播活动时，面对具体人员的分工，繁琐复杂前期的准备，解决临场的突发状况以及学校的舆情监控，她都能迎刃而解。甘海昀告诉我们，直播活动其实十分紧张，细节的站位和走位都有严格的规定，“牵一发而动全身”，如果任何一个小环节出了问题，那么整个活动都无法达到预期的效果。这，也恰恰是锻炼她的最好舞台。

“管理者重在荣誉感”这是身为团队管理者时甘海昀最深的感受。事情的处理、人员的分配其实非常考验个人办事的效率以及条理性，学校、社团、老师、同事各个方面的信息都需要部门领导者进行沟通协调。这意味不仅要考虑到每个部员的处事风格，还要考虑到部门成员的办事能力，尽量让每一个成员都能够跟上脚步，不要被落下。“一个都不能少”这不仅是个人的荣誉感，是管理者的荣誉感，更是部门每一位成员的荣誉感。

实习战场锤真知，媒体精神见实章

实习，对于甘海昀来说更偏向于一种兴趣爱好的深度挖掘。中国日报以及 VOGUE 两家媒体的应聘，皆出于她对文化现象、娱乐产业的好奇心，强烈的好奇心驱使着她走进这两个风格迥异的媒体——前者严肃规正，后者活力时尚，主要区别就在于不同的受众和需要关注的焦点。但是不论哪种媒体，都要做到的，是要在语言以及工作中保持严谨。这样严格的要求是对她语言表达方面的一种锻炼，“身为媒体工作者，语言是神圣的，想说的话都要斟字酌句，不要有任何的歧义。”

在实习工作中，她也承受了许多额外的压力，除了繁忙的课业，心态上的磨砺更为“致命”。讨论拍摄方案，敲定拍摄细节这种会议，经常一开就到凌晨两三点，最后发生突发情况拍摄取消，前功尽弃这都是常事。

然负压前行，途中更多的是未知的挑战。“不在其位，不谋其政。”对于新兴媒体平台的内容和运营模式，作者及运营者的角度与读者便大相径庭。通过各种不同的实习工作，甘海昀总结出了属于自己的成长经验。本来就具有创新思维的她，在这种高强度的工作下变得更愿意思考，更愿意探索新奇的事物。同时，她认为任何一份工作能够给员工带来的成就感都是一时的，但是经验的积累会让人“升值”，正如她所说的，“创作的时候，艺术爱你。”

面对实习压力，她对学弟学妹们提出了一些建议。对于大学生来说，实习经验不在多，而是在精。“公司的甄别对于大学生的实习至关重要。”面临高质量实习平台常态的“压力面试”“团灭”，她谈到，自己并没有畏惧感，“工作不仅仅是一份职业，更是自己对人生路的思考和反馈，要知道自己究竟爱的是什么，想的是什么，念的是什么。”寻求一份合适的实习工作更是一种对行业的探索，未来的你究竟愿不愿意为这份工作、这份职业耗尽青春并无怨无悔，都能够从各种工作的尝试中得出结论。“如果学业和实习工作能够相辅相成，固然是完美结局，但若不是，也欢迎大家在其他领域绽放光芒。”人生最重要的是有勇气面对未知的可能，直面现实，并自我剖析，是年轻人应该蕴含的能量。

突破框架旧拘束，探索人生新可能

“人生的各个阶段其实都有不同的意义，有些事情可能体验过就足够，归零重来更有挑战。”本来所有人都以为，甘海昀应该在新媒体行业大展拳脚，但是最后她却选择了与其专业息息相关的英语教育行业，“想要兼输入与输出为一体的职业”，这是她选择教育行业的理由。在她看来，教育和记者其实在某个方面是相通的，都契合了她所追求的输入信息、输出价值的意义。在已经明确自己对于传媒的偏好和能力时，选择一个更能发挥主观能动性、同时也相对陌生的职业，可能随之而来的挑战也让她感到更加兴奋。于这个行业，她期待着不断输入新的灵感，通过不同的关系社交，在不同人身上寻找看待事物的新启发，通过自己思想的加工和修饰表达，让更多人感受到语言的魅力。对于甘海昀来说，就业的历练，也是一种清晰自己未来道路的实战舞台，她期望自己能够一直带着理性和坚守，过好人生的每一个十字路口。

“把自己的观点更多地融入教学当中，让独特优秀的教学方法永远留存下来”是甘海昀最大的梦想。从前做新媒体时，甘海昀也有过片刻的失落，短视频时代的出现，让所有人的注意力都无法长时间集中，故而尽管自己用尽心血做成的策划与方案，受到的关注也往往只是昙花一现。她觉得，教育行业或许会不太一样，“想留下些什么”的想法让甘海昀有更大的野心，也不甘于总是做“被遗忘”的那部分，而是希望自己的存在有价值、有意义。

“对自己有信念”，这六个字是甘海昀送给自己、也送给学弟学妹们的建议。学习、工作、生活都是生命的征途，带信念前行，扎实地过好人生的每一个弯道，澄澈为人，纯粹做事。

愿惠园流年可忆，未来前路可期。

舒雯：亦淑亦侠亦温文

记者　张天齐

舒雯，2016级国际法专业硕士研究生。GPA 3.89，8门课程班级排名第一，曾获综合一等奖学金、北京市校级优秀学生称号、北京市优秀毕业生称号。她受学校联合培养项目资助取得巴塞罗那大学国际经济法项目的硕士学位，已发表论文两篇，毕业后将就职于中华人民共和国商务部合作司。

立足实践　活学活用

高排名、高绩点、保研、奖学金……毋庸置疑，舒雯被学霸光环笼罩着。她成绩优异，稳居年级前十，却不满足于书本知识，积极地参加各类学术竞赛，力争将理论运用于实际。她印象最深的是自己两度参加的WTO模拟法庭竞赛。大赛主要涉及国际法，而大三的她对国际法只是初学，理解不深。于是，她对照着一千多页全英文的参考书潜心研究。法律英语的案例也就十分拗口，专业术语多如牛毛。每当她不甚明白时，就会自己将英语翻译成中文，然后把每一个客户的每一个案件写成三千字左右的案件总结。在完成二十多篇案件总结后，她感到阅读英文案例已是十分顺畅。经过一年的磨砺，二次参赛时，她在时间安排、诉状写作等诸多方面愈加驾轻就熟，俨然是整个团队的领导者。最终，团队获得了全国亚军的好成绩。参加ELSA-WTO模拟法庭、OVAL中日韩商业大赛等众多的学术比赛使舒雯原有的知识水平、英文阅读能力、法律思维能力都得到了很大提升。“在实际运用的过程中，我对于法律知识有了更深层次的理解与感悟。”她总结道。

文体并重　青春飞扬

静若处子，动如脱兔。在学习之余，舒雯酷爱运动，校足球队、院羽毛球队、乒乓球队、游泳队里都有着她矫健的英姿。她每周总计参加训练 10 小时以上，曾获得贸大羽毛球赛女单亚军、羽毛球院系赛季军、女足联赛团体亚军、游泳联赛季军。她参加众多队伍与比赛，取得无数优秀成绩，令人瞠目结舌。然而，舒雯笑言：“对我而言，运动并不是累，而是放飞自我，是劳逸结合。运动的我和学习的我是两种不一样的状态。”在运动场上，她可以抛下一切，将青春的热情恣意挥洒。对体育的热爱与执着参与为她打开了另一个世界，塑造了她乐观开朗的性格与自信顽强的意志。对她而言，参加体育比赛也是一种增加交流、增进友谊的重要方式。本科时，舒雯与同宿舍的几名同学都热爱羽毛球，曾一起参赛，一起获奖，四个人心中都留下了一段美好的回忆。通过体育运动，她既锻炼了身体、放松了身心，又交到了许多朋友，收获良多。她感慨道：“其实只要是做自己喜欢的事情，感觉到的就不是累，而是幸福。”

心怀天下　风雨兼程

舒雯的导师石静霞教授经常教导学生：法律人要有家国情怀。此时的舒雯已经拿到了金杜律师事务所的 offer，却毅然走上了国考之路。参加国考意味着将之前争取来的一切全盘放弃，重新跌落回“失业”状态，压力之大可想而知。但是，她希望通过在商务部的工作与付出，将自己的所学的法律知识奉献社会。因为她坚信：这才是自己生命的信仰与意义。

国考的准备过程时间紧、任务重，对法学、英语甚至数学都有着很高的要求。她每天起早贪黑，在图书馆如饥似渴地阅读各种资料，做大量的试题。除了大量而高效的时间投入以外，舒雯从前的实习与比赛经历培养了她出色的行政能力、逻辑思维能

力与阅读理解能力。多年的辛勤积累与高强度的认真准备相辅相成，使她触类旁通，形成了独特的个人优势。最终，舒雯在600余名优异的竞争者中脱颖而出，成为10名佼佼者中的一个。

谈到未来规划，舒雯对在商务部的工作满怀憧憬。她说，自己希望做一个经济外交官，根植于法律，同时又具备经济、外交、语言等方面的专业知识，在成为一名经济外交复合型人才之路上不断奋进。

高寒：求索文化之路，珍重别样风景

记者　欧　歌

高寒，中国语言文学学院2016级国际汉语教育专业硕士研究生。曾赴美国肯塔基大学孔子学院任汉语教师志愿者，任我校中韩国际交流中心科研助理，蚂蚁车协会长，校刊《研究生论坛》编辑。被评为十佳志愿者、社会活动积极分子。毕业后去往中国文联民间文艺艺术中心。

这样的一个女子：怀崇尚文化之心弘彰民俗于中国乃至世界，高山流水是古筝一摇一按荡出心醉的泉鸣，寒风呼啸是与伙伴夜骑街巷、踏遍河山。做事时可以高昂活跃，为人时亦自温和清寒。

结缘文化教育，云路渐清晰

从本科就读汉语国际教育专业，到成为对外汉语专业硕士生，再到赴中国文联就职，这些经历仿佛水到渠成地贯穿成高寒通往文艺事业的最佳风景路线。但事实上，初入大学时她同样经历过几多迷茫与抉择。“在事业上并不是从一开始就知道自己想要什么，边学才边慢慢确信自己的兴趣所在，最终还是归于文化这条路。” 关于求学历程与职业生涯规划，她这样描述自己。

于高寒而言，大学期间的每一次尝试，都像是勇敢地迈入一条未知的蹊径，去拨开前方迷雾重重。她坦言，自己对贸大的金融专业曾是满怀憧憬的，也曾因未能考入金融而遗憾。但正是在本科期间选择辅修金融的这次尝试，让她在深入了解另一条路后，反过来确信了对外汉语专业方向更加适合自己。大一、大二期间中文学院基础课程像是群芳众卉，用清馥的香气将高寒的脚步引向文学彼方。而大三时，在文化教育的问道之途已渐入密林之境后，她通过亲身课堂教学直观地体验到自己与教育工作者角色的适契，于是在文学与教育的岔路口上选择了国际教育硕士方向。直到研二赴美国肯塔基大学孔子学院志愿教学，她深入进行文化传播推广，将版画、竹编、刺绣等非遗文化带入美国当地展览，弘扬中国文化精髓。在一次次深入的跨文化交流中，高寒看到了一个别样的精彩纷呈的世界，志向也渐渐从教育走向文化传播。

最终，高寒终于驱散了理想道路上的重重雾霭，选择在中国文联从事民俗文化保护与传播工作。谈及自己人生的宏大梦想时，她认真地讲："希望通过我们的宣教，让更多人了解民俗文化，感受到文化震撼人心的力量。"这种教育和传播之于高寒的意义，是可以源源不断地收获到一种被喜爱和需要的满足感。

或许与文化教育的结缘，来自大一暑假那次支教时孩子眼中的光亮，来自对外汉语专业导师的鼓励，来自"教学相长"这句箴言。在这条路上，有一句话曾给予她心灵极大的信心和力量："教育是一棵树撼动另一棵树，一片云触碰另一片云，一个灵魂唤醒另一个灵魂。"文化教育之于高寒，是讲授，是传播，也是互相影响，是在人与人之间谱下诗篇。

投身精彩集体，河山共行

除了在文化教育事业上孜孜求索之外，高寒还在本科期间任蚂蚁车协会长，提起这段经历时，她流露出满满的集体情谊与收获感。大二一整年高寒在车协里投入了大量心血。谈及为车协做的"傻事"，她笑道："可能就是付出的时间吧。" 她非常珍惜集体荣誉感，把在这个集体中的体验描述为"和一群特别靠谱的伙伴一起搞好事情"，收获了宝贵的友情与无数难忘经历。

恰借车协暑期骑行的机会，她在大二实践中带领 12 人团队走访长江沿线城市，进行水质研究调查，该实践最终也入选中国宋庆龄基金会·星巴克大学生环保践行者项目。高寒觉得这次项目成功的关键简单得朴素，仅仅是“每个人在过程中都是走心的”。她回忆当时的情景：“那时大家甚至看见路上一条小水沟都会互相打趣地问，你看这个水质怎么样。是真的时时刻刻把实践放在心里的。”现在想起还是会有满满感动。

高寒在集体活动中充满了责任感与干劲，愿意不断释放热情和能量。而醉心古筝时，则是她的另外一面。她说，古筝最使自己享受的是二十一根弦一根一根去调音时的那种放空的静谧状态；在骑行的时候与伙伴畅谈作伴，有一种行走天涯而身处安全的踏实感，能够有非常多的时间去欣赏风景任思绪驰骋。骑行与古筝就像是一动一静、一张一弛的二元。高寒内心亦有着丰富的层面，会喜欢融入集体携手拼搏的快乐，同时也享受独赏雨霁初虹的那般宁静。

通过集体中的磨练，高寒也逐渐完成了自己性格上的蜕变，“沉淀了很多，作为一个领导者会变得心思缜密、更加冷静，不再以情绪来支配思考。从急躁、苛求完美变得更加包容、耐心谨慎。在经历过许多事情之后，心绪逐渐淡下来，更愿意去倾听他人。”

珍重大学时光，悔憾弗言

谈及大学时光的遗憾，高寒说是“在知识上没有达到最理想的状态。希望当时能花更多时间沉下心来，学到更多东西。”但遗憾之余，高寒仍珍视在社团里付出的大量精力，以及走过的许多不那么便捷的路。“回到过去也不会做别样的选择吧。明白只要有选择就会产生遗憾，后悔却是没有的。”

对于学弟学妹们即将面临的种种抉择，高寒说，希望利用好青春时的精力与宝贵的试错机会多做尝试，深入到确定对这个领域不再感兴趣或者想要更进一步为止。在做出选择时，必然要在虚耗和收获之间进行权衡，那么就让这些虚耗作为门槛，迈得过去，就留下来；迈不过去，就离开。筛选下来的便是自己真正喜欢的、愿意为之牺牲的东西，身边恰好也留下经历过同样过滤的志同道合的人。

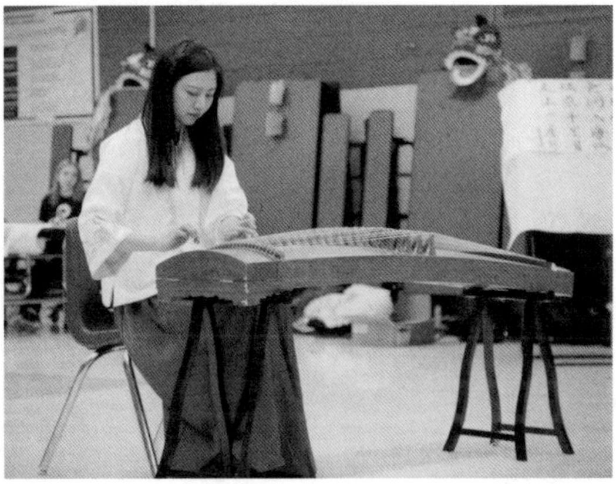

贾春艳：努力是一种青春的姿态

记者　梁文静

贾春艳，对外经济贸易大学外国语言学及应用语言学（商务英语方向）研究生，华北水利水电大学文学学士。本科期间曾两次荣获励志奖学金与一次海外校友奖学金，研究生期间主修专业英语语言文学、第二专业国际经济与贸易，曾于环保部环境与经济政策研究中心实习，即将任职于北京2022年冬奥会和冬残奥会组织委员会。

即使拥有一系列奖学金与荣誉头衔，贾春艳却只字未提，表现得格外轻描淡写，她认为在大学期间，学习只是学生的本职工作。“学习永远是学生应该最先做好的，尤其是本科生，学术研究和实习固然重要，但不能成为影响学习的因素。哪怕课是满满的，也还有很多时间可以利用，把实习的时间安排一下，把学习课程调整一下，完全可以做很多事情，我一学期最多可以同时做四份实习。”

考研那年，贾春艳在一家房地产公司找了一份工作，边工作边准备考研，白天工作晚上学习。每天运动、上班、学习，比高考时还要辛苦，却没有因为考研耽误一点工作。那一年的经历，也让贾春艳认识到将来想要些什么。“考研不仅仅是提高自己的学历，它是一个不断学习、成长的过程，在这一年中，自己选择考研院校，自己规划学习，这个过程是在磨练你自己的意志和规划能力，这是学习的过程；考研也是不满足于现状时一个新的机会，比如我选择北京，选择来贸大，是为了让未来有更

多的可能性。世界上有很多种改变自己现状的方式，但考研是最便捷的方式，这也是我当时考研的动力。”她这样说道。

在被问到为什么会成为冬奥会体育部的一员时？贾春艳认真回想，说那可真是一场意外。面试那天她正好订了回家的车票，本来没打算去，考虑了一下还是匆匆拖着行李箱去面试，又拖着箱子踏上了回家的路。没有犹豫，没有扭捏，她进入了这扇从未涉足过的大门。“因为这场面试的录取率只有 1%，100 人里只录取一个，”她笑着说，“那时候根本没有想到我会进，只是去试一试。”

借这个机会，贾春艳谈了谈自己的几点感触，她认为，如果想学习不同专业的知识，那么首先要把自己的专业课学好。“我当时面试的岗位要求英语专业八级，二外法语。毕竟冬奥会涉及跟国际奥委会、各个国家的奥组委沟通，官方语言是英语和法语，如果我达不到这个基本条件，专业课学不好的话，肯定就没有机会去面试。在有一定技能的基础之上，大家才会看你的综合能力，譬如你看待问题的综合方式，能不能想到他们需要的答案，你学习的越多，看待问题就更全面。比如，国际组织会喜欢视野更宽广的人才。”

如果兴趣广泛，更不能每一样东西都浅尝辄止，必须有一样自己将来可以依仗的技能。兴趣不是活的，但所精通的东西是活的。

在学习和工作之余，贾春艳经常对自己的人生展开思考。“找实习的时候要多尝试自己感兴趣的东西，研究生在完成自己学业的基础上应该尽可能参加一些实践、实习，找到真正与未来方向结合的计划，多尝试自己感兴趣的东西。我当研究生以后，第一份实习是推荐去了环保部研究中心，在那里学到了很多研究方法，包括我很多论文都受益于这份实习工作。第二份实习在一家财富管理公司，是金融方向的，在那家公司做了五个月，当时公司希望我留下来，但我觉得自己不能习惯工作和生活分不开的方式，所以辞职了。”

未曾附庸风雅，亦不趋之若鹜，迈着坚实有力的步伐，一步一个脚印，只追求一种单纯的坚持和理想。抬头仰望苍穹碧蓝如洗，低头遇见路程蜿蜒曲折，贾春艳眺望远方的目光，给人一种温柔又坚定的力量。

四朗拉宗：牵住梦与根的两端

记者 徐 洋

四朗拉宗，藏族，法学院2015级法学专业学生。在校期间，她曾担任我校民族文化交流与促进协会会长，带领协会取得较大发展。四朗拉宗学习刻苦，积极参与和组织活动，曾担任30余次项目负责人。积极就业，努力为西藏发展做贡献。现已被中国农业银行西藏分行录用。

一边是西藏，是生养自己的根；一边是北京，是不断追寻的梦。以梦为马，她终不负这青春韶华。

远航，放眼且识乾坤大

“我很喜欢出去走。”谈及自己的爱好，四朗拉宗这样说道。的确，四朗拉宗一直都是个“不安分”的女孩。填报高考志愿时，她态度坚定，“我要去一个远一点的地方，去大城市看看。”节假日里，她和朋友远游，足迹遍布各地大小景点。北京各个地方、各大高校的活动，她也总是愿意参加。“要多出去看看，优秀的人还很多。”她总是充满好奇心和探索欲，“出去走”是她对这个缤纷世界的回应。

出去走，不单是地域上的旅行，也是心

理上的突破。最初，学生工作对四朗拉宗来说是有些挑战的。“部长安排任务时，我觉得自己特别不行，总想躲避。”她回忆道，“后来也正视了自己的不足，在一起办活动的过程中，发现自己其实很喜欢办活动，慢慢地走出了阴霾。”再后来，她更担任了30多次的项目负责人。一次次的突破，成就了现在的四朗拉宗，正如所她说，“积极地去适应环境，在优秀的环境中发现自己的不足，然后去挑战它。回过头，想想我的大学生活，我觉得我是进步的，我是让自己满意的。”

放眼向前，拓宽自己见识的边界，就是在拓宽自身可能性的边界。一步步发现世界的过程，就是一点点发展自己的过程。出去走，天高路远，正是马蹄疾时，她一直在路上。

途行，师友为翼梦为马

生活并不总是一帆风顺，前行的路上也会有迷惘和挫折。四朗拉宗回忆起刚进学校时，自己并不适应这里的学习生活，常常觉得自己基础差、跟不上大家的节奏。所幸，短暂的迷惘后，她找到了自己在法学课上的兴趣。对于法学，她越学越喜欢。“老师们讲课都让我很感兴趣，辅导员涂帅老师也很照顾我，他们给了我很多的进步空间，让我一步步得变优秀，很感谢遇到了这么好的老师。”谈到老师，四朗拉宗充满了感激。

准备司法考试期间，四朗拉宗每天五点半就起床，日复一日地在图书馆复习。“好几次都差点崩溃，幸好身边有朋友一起。”每当自己学不下去了，她就和朋友们一起出去吃顿大餐，互相鼓励，又坚持学下去。这一来就坚持了5个月，也最终通过了考试。四年的学习里，良师相助，益友同行，他们像四朗拉宗的一对翅膀，在背后支持着她不断向前。

“自己身为这个民族的人，一定要为这个民族做一点事。”学习之外，四朗拉宗的热情也同样挥洒在“为民族做一点事”上。从大一到大四，从干事到会长，四朗拉宗和民族文化交流与促进协会一起长大。当年和朋友们一起坐在西门的草坪上讨论协会活动的场景仿佛还在四朗拉宗的眼前。国际文化节、元旦晚会、千人台胞夏令营……事情一条一条地规划，活动一件一件地参与。这个曾经默默无闻的社团，如今也已发展得逐渐有了声色。“我们让更多人了解到民族文化，看到少数民族的亮点。在这里，我感受到的不只是责任感，还有归属感和温暖。”谈起民协，四朗拉宗眼里都是自豪。

回首，犹怜故乡草木青

北京是记录着梦的风帆；西藏是支撑起家的屋檐。面对毕业去向的选择时，四朗拉宗坦言自己也有一些纠结。“我很喜欢北京，这里生活便利，多元包容，非常适合生活。”四朗拉宗说起了她对北京和西藏的记忆，“西藏是生我养我的地方，是我的一部分，我爱她。”

多方考虑后，四朗拉宗最终做出了决定。毕业后，她将前往中国农业银行西藏分行任职。“我还是选择了回到西藏去，那边是我的根，需要我去帮助她发展。”

从西藏到北京，从北京到西藏，四朗拉宗始终牵挂着梦与根的两端。逐梦北京，她把民族风吹到首都；寻根西藏，她把梦想带回了边疆。“北京让我认识到很多优秀的人，开阔了眼界，自己也不断变得更优秀。回到西藏，我也要保持这种心态，不断提升自己，这样才能有所作为，才能不负青春。”

“我还年轻，还有无限可能。”面对未来，她满怀信心。

马浩然：“执行力是成败关键”

记者　刘宇环

马浩然，国际商学院2017级会计专业硕士研究生，本科就读于对外经济贸易大学保险学院。曾担任国际商学院2017级会计硕士学生联合会主席，班级学习委员。曾获校研究生学业一等奖学金，校级优秀学生干部、院学生特殊贡献奖。通过注册会计师专业阶段关键科目考试。曾在国泰君安证券投资银行部、国信证券固定收益事业部、普华永道中天会计师事务所审计部、华泰证券股份有限公司企业金融部实习。毕业后即将就职于华为技术有限公司。

“执行力为成败关键，与其让自己沉浸在过度思考和焦虑当中无法自拔，不如静下心来把事情按部就班地做好。当需要做的事情一步一步、一件一件地完成，焦虑和负担自然会一点一点地消失。”马浩然非常平静地说着自己大学里的做事原则。他身上始终透露着一股沉稳的气息，也正如他叙说自己一样，一步步、一件件地把事情完成，你的焦虑和负担自然会转变动力。他的大学生活也很好地践行了自己的处事原则，读研期间，参与实习的同时也不忘身为一名学生最根本的任务。他谈到，尽管自己在与自己专业相关的领域实习，但课程与专业知识技能的学习始终都是一名在校学生的核心任务，绝不应当本末倒置。也正是因为始终秉持一颗赤子之心，坚持打下扎实的专业知识基础，他获得了在证券公司、会计师事务所

等部门的实习机会。

谈到实习期间的工作，他分享了自己的一些工作心得。“我的实习工作以证券发行类为主，与我自身的会计专业是高度相关的，在实习期间所做的工作，让我理解了在课程当中所学专业知识在实务中是如何应用的。”实习给了他将自己学校里学到的知识运用于分析企业本身的内部控制运行情况，以及财务信息的合理性实施相应的程序，从而得出合理的判断。除了专业知识的实务操作之外，待人接物的礼仪、与领导及同事的相处与合作也是很重要的。在实习过程中解释道的优秀领导、同事，从他们身上学到的东西是他人生最宝贵的财富。

回忆自己在贸大的六年时光，从保险学到会计学，从本科生到研究生，再到如今即将离开贸大步入社会，贸大带给他的是那份从容和实干。在贸大，除了各种专业知识和技能、研究分析问题的方法和思路之外，更让他记忆深刻的是团队的分工与协作精神、以及贸大人特有的思维方式，这些都是能够深入骨髓，影响他的为人处世的观念与方式。这些对他个人的就业，乃至未来的工作生活都将起到指引方向的作用。谈到即将毕业，马浩然说自己最大的感受还是留恋与不舍，毕竟是自己学习生活了六年的地方，这里的每个角落都已经深深地烙印在骨髓里。

如今的马浩然，正如他名字想传递给我们的一样，一身“浩然之气”坦荡从容地带着自己过去积淀的力量，走向属于他的新天地。即将就职于华为华为技术有限公司的他，愿在更广阔地平台上展现自己的风采。

陈璐：跑好每一场青春马拉松

记者　陈子涵

陈璐，对外经济贸易大学保险学院研究生，国家奖学金、对外经济贸易大学学业一等奖学金、校级优秀研究生干部、新生奖学金获得者。在校期间，作为班长，主导班级综合测评、就业实习经验分享会等工作，带领班级获得“校级优秀班集体一等奖”。实习经历丰富，曾在太平洋证券股份有限公司研究院和中国出口信用保险公司总部实习，现于中国人寿保险股份有限公司总部进行实习。马拉松爱好者，曾多次参加国际马拉松比赛、北京长跑节等并获得奖牌。

陈璐的过去两年在两条轨道上向前驶去：一条是跑过的 21.097 5 公里的半程马拉松，一条是度过的 700 多个日夜的贸大读研生活。对于陈璐来说，二者有着许多相似之处：目标、动力、踟蹰、展望，当回忆的画面在陈璐面前展开，她的眼神中流露出笑意，用轻松的口吻说道：“还好，我一直坚持着自己的方向，回到现实，回到地面上。”

十公里：步履坚定，发现不一样的世界

马拉松的开始，是面对一个多姿多彩的新世界。前十公里，新的路线，新的参赛者，一切都充满希望。这正如陈璐 2017 年走进对外经济贸易大学，开始她研究生阶段的学习状态，她一直将贸大作为自己的考研目标，向往着贸大的学术氛围，并在考研伊始就为自己定下了风险管理的学习方向，并为之努力。

对于专业知识学习，她一步一个脚印；应对班级管理工作，她认真规划井井有条。参与实习工作的过程中，每一点新技能的掌握，都会推动她汲取更多知识；马拉松比

赛的赛场上，每一步风景的变换，都会成为她迈出下一步的激励。

在陈璐看来，她从来不是一个“deadline 主义者”，兴许是因为学习了很多有关风险管控的知识，她喜欢详细的规划，分配好每一段时间，一步一步地向着目标前进。当然，时间的规划和分配对于陈璐来说从不意味着刻板和无趣，计划的背后，实际上是更加美好多彩的生活。她俏皮地说道：“做完了一天内该做的事，我会十一点准时出现在网络世界，与朋友们交流和娱乐。”

十五公里：踟蹰之间，保持自己的方向

“当跑过让我充满了新鲜感的道路后，会发现身边的人群越来越稀疏，身体的疲倦的确存在，但内心的斗争更为激烈。”有人放慢了脚步，有人在补给站停了下来，放弃和怀疑的念头在这段路程上逐渐强烈，在陈璐的描述中，她有时数着一根一根单调的电线杆才能勉强跑步前进。

来自论文的压力，选择实习工作的权衡，在向目标前行的道路上，陈璐也有过动摇。贴合自身职业规划是陈璐选择实习的重要标准，面对一个被旁人羡慕的实习机会，进行综合考虑后，她依然坚定了风险管理的工作方向，选择了当下的实习工作。有时，她会回顾每一天完成的事项，从小目标的达成中感受努力的意义；有时，她会跳出学习工作的圈子，在一次观影中释放压力。认真规划如陈璐，在踟蹰的时期，也曾有过怀疑，但是她用与马拉松赛场上相同的韧性和耐力，说服自己坚定信念，赢得一场场心理战。“感觉坚持不下去的时候，就看看身边还在奔跑的有趣的人们吧。”陈璐回想起边听相声边跑步的老爷爷，一齐喊着口号的参赛团体和为她加油打气的小男孩，这些宝贵的回忆，她十分珍惜。

终点：初心不改，继续人生的奔跑

走在毕业季的贸大校园，陈璐仍保持着自己的步调。现在的她，已经将假期的出行计划安排妥当。不论是大学的象牙塔内，还是实习生活的十字街头，不论是马拉松前半程的欣喜，还是后半程的坚持与突破，在陈璐的身上，目标、耐力与计划三个元素都体现得淋漓尽致。

对于如何设立目标，又应当如何达成目标，陈璐有着独特的答案。“进行目标的选择实则是在定位自己，明确自己拥有什么、想要什么、缺少什么才能保持随时随地的游刃有余。”

坚实落在地面上的脚步，认真记在人生中的轨迹，最终都会化作向终点靠近的力量。所谓的远方的确遥远，但陈璐选择回到现实，回到地面上，以最昂扬的姿态，跑好每一场青春马拉松。

李睿霆：专心专注　在磨砺中成长

记者　王子晗

李睿霆，对外经济贸易大学法学院2020届涉外型卓越经贸法律实验班毕业生。在校期间，李睿霆学习成绩优异，兼顾学业成绩的同时，积极投入到实习工作与模拟法庭比赛当中。在奋迅贝克麦坚时联营办公室期间，李睿霆凭借细致严谨的工作态度和扎实的专业知识基础，成功收获了正式留用资格。

从人才云集的涉外型卓越经贸是法律实验班中脱颖而出，从知名律所激烈的实习竞争中取得令人艳羡的留用资格，似乎所有的光环在此刻都聚焦在李睿霆的身上，而所有的光环背后，是李睿霆这一路而来不断地自我耕耘，向着目标不息前行。

探索：心之所往，行则将至

有些人一路匆匆而过，忙碌之中却忘记了探索目标并且明确方向才是成功最关键的起步。李睿霆则不同。追寻梦想的道路之初，就是探索适合自己的方向，寻找心之所往的目标。没有明确的目标，也就无所谓前行的方向，沉溺于低效能的努力，走到尽头只剩下怀才不遇、空洞迷茫的自我惋惜。

李睿霆在最初的探索中，曾经尝试选择丰富多样、各具特色的课程，与方向不

同、风格各异的导师们进行沟通交流。在自我探索与导师们的帮助与建议之下，明确了日后发展的核心目标，也成功找到了最适合自己的发展方向。目标是前行的源动力，行动的指南针。李睿霆将目标拆分细化至日常的点滴耕耘，并有条不紊地付诸努力。夯实学业基础的同时，李睿霆还积极参与模拟法庭比赛、辩论比赛，充分利用课余时间参与到学生支教活动当中。在锻炼自我、提升自我的道路上，李睿霆每一步都稳扎稳打，每一天都不断向梦想靠近。

实践：耕耘自我，步履不停

过硬的专业知识储备也为李睿霆后期参与实践打下坚实的基础，在实习过程中，李睿霆不断汲取经验，稳步向前。在奋迅贝克麦坚时实习期间，李睿霆印象深刻的是律师们对待每一件事务的细致全面与认真严谨。认识到学习与真正实践之间的差距之后，李睿霆在积极调整中不断完善自我。

当被问及时间管理的问题时，李睿霆表示，计划和专注是高效时间管理的秘诀。李睿霆并不急于寻找许多份日常实习来获得所谓的快速提升，而是在做好前期规划之后，将学习时间与实习时间作出清晰的划分，充分利用较为完整的假期投入到实习当中。“这样既不会影响学习，又能够保证实习期间的全身心投入，应对实习中可能出现的意料之外情况，不会因为打乱原来的计划而陷入慌乱。”也正是因为这样的高度的计划性与执行力，让李睿霆能够出色地完成任务，他的耕耘付出最终得到了来自专业律所的认可。

展望：寻梦而往，永不停步

“磨练自己的个性，让自己变得更加专注，从而能够为一件事情全身心地投入，这样的习惯是长期受用的。”这一路走来，对待工作与学业的热忱以及完成目标的成就感是李睿霆的步履不息、一往直前的动力源泉。“明确的目标，并不是局限于上一个好学校或者是找一份好工作，而是明确地知道自己想要什么样的生活，找到自己喜欢并且能够持续走下去的发展道路。”

谈及对未来的展望时，李睿霆表示，希望能够在入门阶段首先成为一名合格的律师，在这份工作中发现自己的价值。着眼于更长远的未来，李睿霆则期待能够找到属于自己的工作与生活节奏，给生活带来成就感和快乐。

寻梦而往，永不停步。李睿霆即将走出校园，迈向人生新的起点。李睿霆也祝愿学弟学妹们能够拥有属于自己的人生目标与发展规划，不断耕耘，不断探索，最终收获满意的人生答卷。

袁铎：挑战未知　规划未来

记者　王子晗

袁铎，对外经济贸易大学法学院2020届国际法学硕士毕业生。在校期间，袁铎学习成绩优秀，掌握三门语言，取得雅思7.5、英语八级、德语六级的好成绩。袁铎曾远赴意大利，于罗马国际统一私法学会实习。此外，还曾参与到英国律所在京代表处的实习工作中。目前，袁铎已签约华为技术有限涉外律师一职。

硕士期间的优异成绩，与众不同的实习履历，卓越突出的语言技能，法学院国际法学专业的袁铎，拥有着别样丰富的大学生活。同样有限的时光，同样忙碌的生活，袁铎却能够通过细致的规划做到井井有条、稳步向前，过往不负韶华，举目未来可期。

探索未知：知行而修远

机遇从来不会凭空眷顾于人。每一次与机遇邂逅，总会有人遗憾擦肩而过，但也会有人能够成功把握，而袁铎就属于后者。从大学本科以来，袁铎就对于罗马国际统一司法学会产生了好奇与向往。研究生学习期间一次偶然的机遇，罗马国际统一司法学会来到贸大法学院举办了一场宣讲，袁铎报名了本次宣讲的志愿者，获得了与司法学会的宣讲人员交流的机会，也了解到了能够前往意大利罗马参与实习的项目。

于是，袁铎开始着手准备申请的材料，也积极地与学院的导师沟通交流，向着早已深植于心的愿望一步一步靠近。最终，袁铎成功地收获了来自意大利的邀请，去到了罗马国际司法学会体验不一样的实习生活。谈及在罗马的那段时光，袁铎表示，与此前在北京的实习经历相比，司法学会的工作确实存在着很大不同。除却工作内容上

的不同，令他印象深刻的是在罗马国际统一司法学会的同事身上感受到的来自世界不同地域的文化碰撞。

袁铎在与记者的交流中，谈到了与瑞士同事的一次交流。当袁铎聊起自己的英文名时，来自瑞士的同事对于袁铎为自己取名的做法感到非常诧异。在瑞士文化中，名字与身份认同深受人们重视。在罗马遇到许多文化差异给予了袁铎很深的触动。袁铎表示，在意大利的这段实习时光是给他带来很大影响的宝贵经历。

勤于规划：循序而渐进

除了独特的实习经历以外，优秀的语言成绩是袁铎的另一大闪光点。在繁忙的课业与课外实习之余，袁铎积极准备和参与到英语和德语语言考试中，凭借卓越的时间规划技能和执行力，取得了优异的成绩。

谈到关于大学时间规划的问题时，袁铎坦言道："规划其实就是计划。焦虑很多时候是来源于没有计划，不知道下一步应当做什么。如果有了明确的计划，这种焦虑就会得到明显的缓解。"袁铎表示，在面对语言考试这样相对长期的目标时，会先对备考时间做一个相对较宽泛的划分，根据准备过程中不同阶段的划分再落实到较为详细的执行计划。相应的，在参与模拟法庭比赛或者是实习工作时，面对的往往是相对琐碎而多变的事务，这时袁铎则会缩短计划周期，列出相对时间较短的规划，以适应变化以及作出相应的调整。

当被问及语言学习的窍门时，袁铎表示："学语言其实时一种输入加输出的过程，输入就是常说的多听多读，而输出就是说与写。"袁铎认为想要获得语言学习的提升，输出往往比输入更加有效。袁铎分享道，在学习德语时，会有意识地将德语运用于日常生活，以此达到增加输出的效果。袁铎也表示，输入和输出对于夯实语言基础都具有重要的意义。

水到渠成：流年可忆梦可期

袁铎对于时间的出色把控，不仅让他在应对课业、实习和考试的多重任务时更加游刃有余，也让他能够在忙碌之余能够培养兴趣、拥抱生活。袁铎的兴趣爱好之一便是摄影。在闲暇的时间，袁铎喜欢外出采风。“有时精心研究构图的作品，不及不经意间拍摄出的照片更受欢迎。”袁铎笑道。他认为在不同阶段，会有不一样的心境和不一样的目标，但持之以恒的动力来源于对理想中的生活的期许与热爱。大学的时光是美好而珍贵的，袁铎希望学弟学妹们能够把握当下。相信时间的力量，当下的努力终能水到渠成。

张琳：发现自我的多种可能

记者 王 淇

张琳，公共管理学院涉外行政管理专业2016级本科生。连续三年获评校级优秀学生及综合奖二、三等学金。在校期间，担任公共管理学院2016级年级大班长、公共管理学院分团委学生会志愿团副部长、TAR tutor。面对突发疫情，张琳依据自身能力和兴趣拟定求职规划，高效完成自我角色转换，从考研转战求职，并凭借优秀的专业知识素养和综合能力，从一众竞争者中脱颖而出，被华阳国际广州公司录用，成为公司首批管培生之一。

2020年突发的疫情，对于原本准备跨校跨专业考研的张琳来说，最大的影响便是毕业规划的转变。考研初试成绩出来的那天，她所做的第一件事不是像大多数考研同学那样，继续推进预先制定的复试计划，而是结合考研后的实习经历以及疫情期间的各种不确定性，对自己过去的选择进行更深刻的权衡与反思。在综合自己的能力、兴趣后，张琳放下了读研的执念，转战网络招聘会，勇敢地为自己开辟了一条求职之路。

放弃考研，意味着之前的准备和努力付之东流，这个决定在外人看来或许是一时意气，但是张琳清楚地知道，能够如此迅速地完成从考研到求职的角色转换，是四年来不断积淀、认识自我的结果。

大一刚入学时，每个人都是一张白纸，张琳却已经在这张白纸上为自己勾勒好了未来的轮廓。当时的她基于对自我的认知，无论是对考研、实习还是就业，都进行了较为细致的考量，并为之不断实践着。贸大四年，她积极参加社团活动，在学生工作中锻炼和提高自己的能力；她积极投入与职业考量相关的行业岗位，丰富自己的实习经历；她积极修读双学位，不断拓展自己的兴趣和能力边界。这一路上，她不断摸索、不断积累、不断提高，形成了对自我较为清晰的定位。这份对自我的清楚认知，化成了做出选择时的那份果敢和笃定，化成了大学四年满满的履历与收获。

走上讲台　自我蜕变

每一个贸大学生都对“TAR”不陌生。TAR 全称“Teaching Assistant Regular”，是贸大的英语助教团队，旨在辅助部分英语较弱的大一新生学习英语。大一入学时，出于对 TAR 团队的好奇，加上对英美文化和英语有着浓厚的兴趣，张琳加入了贸大英语助教团队。

真正参与到这个组织后，她惊讶地发现，TAR 其实是贸大一道独特的风景线。大部分的助教团成员都是财经类专业的学生，但是在 TAR 课堂上，他们每个人摇身一变，成了非常有教师素养和教学能力的“小老师”。这里的老师会有定期的考评、研讨，助教团的老师们还会互相听课、互相取经。在 TAR，每周一次的课程只有 90 分钟，但在课后，为了这 90 分钟的呈现，助教们往往要花将近 900 分钟的时间投入到备课环节当中。一个成功的课堂应该是师生双向交流、互相成就的课堂，当知道自己的学生在每周一次的课堂上学有所得时，张琳也获得了极大的欣慰和成就感。走上 TAR 讲台，经历过数次课堂考验之后，面对任何公众场面，张琳都变得从容自如。

在大一时，张琳既是 TAR 的助教，也是院学生会的干事和年级班长。学业和学生工作的交叠，也曾让她一度崩溃。但她认为，学生的重心应该放在学习上，因为无论

是求职、考研还是出国，成绩都是面试官审视你的第一张名片。该如何平衡学生工作和学习两者的关系？张琳说到，最关键的还是自律，日常规划要细化到小时、分钟。在课堂上全神贯注，确保学习效率的最大化；课后“挤”时间，竭尽全力完成学生工作任务。另外，恰当的沟通和分工协作，也能极大地提高自己的效率。“在你做完工作觉得很累想放松的时候，你可以选择呆在宿舍安逸地休息娱乐，但如果选择把这些时间用来学习，那么学习和工作是完全不冲突的。”在处理学习和学生工作的关系这个过程中，张琳也渐渐成为一个更自律、更高效的人。

走出校园　刷新认知

说到实习经历，张琳的情况有一些特殊。由于修读了日语双学位，她大三的课程依然非常多，因此无法像其他同学那样有充裕的时间参加线下实习。大三下学期，她有幸获得了人大中国调查与数据中心·中国教育追踪项目（CEPS）的线上实习 offer。对于课业繁重的张琳来说，这无疑是一个良机。作为一名线上调研员，每天的任务是在线上和受访者进行沟通，并做好调研数据的统计整合，而无须把时间“耗”在办公室里。这次线上实习经历也让张琳收获满满，她不仅提高了自身的组织协调能力，还掌握了追踪访问中的沟通技巧以及项目执行等实践知识，结业时，张琳以业绩排名第二的成绩获评“优秀实习生”。在此，张琳提醒学弟学妹：“倘若在校课业多，没有时间兼顾线下实习时，不妨把目标锁定在企业或高校的线上工作，这同样可以是一段精彩的履历。”

考研结束后，张琳原计划在北京找一份寒假实习。可她万万没有想到，疫情的突然爆发，让已获得北京字节跳动科技有限公司实习 offer 的她不得不转为远程办公。鉴于之前的线上调研经历，张琳心里已经有了底，原以为会足够得心应手，没想到这次的实习情况却复杂得多。“让各类信息在内部更高效、透明的流动”是字节跳动内部管理和企业文化核心之所在，在快节奏的公司氛围带动下，原来自认为高效的张琳发现自己不过是小巫见大巫，这激励着她不断调整工作状态，更新效率值；作为一名 HRBP 实习生，她更加清楚地理解了即时及时沟通和信息反馈对于业务人才选育用留的重要性；除此之外，张琳也意识到管理好职场人际关系的重要性，不同于学生社团和学生组织，在职场面对的是不同社会层次、年龄层次的人群，这样的沟通往往更考验情商、更具有挑战性。

在这次实习过程中，张琳惊讶于自己收获了很多在书斋里学不到的知识，她不断地刷新对自我的认知。“追求极致、务实敢为、开放谦逊、坦诚清晰、始终创业、多元兼容”，字节企业文化的强有力号召，给了张琳成就全新自我的勇气。

惠园四载　多样可能

在贸大学习生活的四年，张琳深刻地体会到了“一切皆有可能”这句话的内涵。四年里，她参加了众多学生社团和组织，和志同道合的朋友们一起工作学习；她结合自己的兴趣，修读日语双学位，迈出了勇敢尝试一门新学科的第一步；贸大的自由氛围让她能够灵活安排课余时间，拥有更多的时间和机会去探索自我能力的边界；在高国际化水平的贸大，和外国友人的交流拓展了她的视野；一次次的课堂演讲修炼了自身的台风和气场……四年里，这些珍贵的经历，让张琳认识了自己，发现了自我的更多可能。四年前那个高考压线进入贸大的自卑女孩，已经收获了满满的履历，变成了一个自信从容的贸大人。

“永远年轻，永远热泪盈眶”，无论这句话被重复了多少遍，张琳依然喜欢。这个女孩始终带着对梦想、对未来的憧憬，保持着年轻的敢勇，一步步走出自己的人生之路，即使错过了秋招、国考，参加考研却又放弃复试机会，她也能华丽地转身，从容坚定地走向职场，活出精彩，活成自己想要的模样。

高壮：以梦为马　乘风破浪

记者　张若兮

高壮，对外经济贸易大学法学院2018级国际法学硕士，山东大学法学、文学学士学位。本科期间多次获得优秀学生奖学金，被评为创新创业活动先进个人。研究生期间获“贸仲杯”国际商事仲裁辩论赛冠军，并先后在君合、天同律师事务所实习，现于联合国国际贸易法委员会实习，已获得北京仲裁委员会录用资格。

明志趣：穿花寻路

本科的学习经历以及自身在英语方面的特长使得高壮对于国际商法产生了浓厚的兴趣。国际商法于他而言代表着追根溯源，代表着更前沿的视角。贸大在国际法方面的优势，更坚定了他想要来贸大深入学习的想法。总结自己以往的经历，他认为国际商法的学习是一个循序渐进的过程。

“知道规则只是第一层的水平，”高壮坦言道，“每一个规则背后都有特殊的考量，每一个词句都值得商榷且具有解释的空间。”在他眼中，只有深刻理解了一个条文背后的立法逻辑才算真正到达了第二层水平。实现这一突破并不容易，而高壮则是在模拟法庭中，才逐渐攀登到了第二层。在模拟法庭中需要针对具体案例分析、从正反两个角度互相审视，高壮从中得以挖掘条文背后的逻辑，领会规则的构建。这样循序渐进、由表及里的学习过程，帮助他真正建立起了法律思维。

勤磨炼：精诚团结

在高壮的个人履历中，“贸仲杯”国际商事仲裁辩论赛冠军的获奖经历尤为瞩目。在他看来，相比较个人的努力和付出，“贸仲杯”更强调团队队员之间的合作。

在比赛中，作为调研员的高壮白天进行法律研究、充实调研成果，晚上和队友针对庭辩策略进行讨论和修改，进行到夜里两三点是常有的事。比赛过程确实是辛苦的，但是队员之间的相互帮助、团结协作也为紧张的团队抹去了几分担忧恐惧，增添了几分信心与力量。“每个人分配到不同的任务，团队队员本着一个目标完成力所能及的事，所以对于比赛结果没有遗憾。”直到现在，他都与曾经的队友们保持着良好的联系。

“竞赛中，好的团队尤为重要。”高壮总结道。“贸仲杯”对高壮而言不仅仅是一次实战经历。不论是在知识层面上进一步的深度掌握和吸收，还是团队合作意识的树立与培养，都让这次比赛变得意义非凡。精诚所至，金石为开——这是他对这次比赛结果的注解。

重实践：渐入佳境

三次的实习经历都带给高壮不少经验和体悟。高壮将第一次在君合律师事务所的实习经历形容为“初恋”——他在这次实习经历中第一次作为仲裁案件的代理人上场辩护。第一次将知识运用到实际中所获得的成就感让他至今难以忘却，这次初体验也让他对于未来从业选择有了新认知、新方向。有了第一次的尝试，高壮在天同律师事务所的实习更加得心应手，进一步将所学转化为所用。此时身处维也纳的高壮仍在联合国国际贸易法委员会继续着自己的实习工作。在此期间他撰写了“新冠疫情对 CISG 下合同履行影响”“虚拟货币法律地位”的法律报告，并参加了第三工作组会议。相比于前两次的实习经历，高壮在联合国国际贸易法委员会的体验使他近距离接触国家博弈，从宏观上理解了法律体系与法律规则。

对于如何平衡研究生学习生活与实习，高壮说道：“关键在于能不能付出比别人更多的时间。”以他自己为例，高壮在研究生第一年尽可能地将所有能修的学分全部修满，第二年便可以只选择自己感兴趣的课程，为实习工作也保留足了精力与时间。在高壮看来，研究生生活最根本的还是在于学习，要保证充足的理论学习时间，实习只能是锦上添花而不能干扰学习过程。

高壮对就业问题有着自己的看法。在市场经济环境下，面对日渐激烈的竞争，“保证自己某一点比别人强”是他眼中的制胜法宝。因而他不建议把精力过度分散开，应该始终专注于自己喜爱的某一个领域。回顾过去几年的经历，高壮也身体力行地做到了这一点。“不管遇到什么困难，相信自己能够克服，”高壮如此说道，也正是这样的信念助他顺利地走过学生时代，交出了满意的答卷。

“长风破浪会有时，直挂云帆济沧海。”在未来的日子里，高壮仍将继续践行这句古人箴言，带着满心热爱与一腔豪情，克服一个又一个困难，奔向更加美好的未来。

韩静：做好自我管理　实现逆袭人生

记者　孙嘉璇

韩静，对外经济贸易大学国际经济研究院2018级硕士研究生，攻读世界经济学方向。在研究生期间，工作能力突出，担任学院文艺部部长，组织多次大型院系活动；学习成绩优异，曾多次获校级一等奖学金、光华奖学金等。曾实习于东兴证券研究所和中英人寿保险公司，毕业季斩获多个offer，顺利签约中国邮政储蓄银行信用卡中心。

效率本位：做时间的管理者

一个人利用时间的方式，决定了未来的模样。“效率”对韩静而言，是一种高度自律的执行力，更是渗透在她生活点滴片刻中的“多年习惯”。

韩静在校期间学习成绩优异，是奖学金名单上的常客。她多次获校级一等奖学金和光华奖学金。在校期间的综合排名位于班级第三，专业前 10%。在研一上半学期，她在 172 人的微观经济学考试中取得了第一名的优秀成绩。在分享如何取得这些骄人成绩的经验时，她认为最重要的就是“追求上进高效的生活需要学会规划好时间，把时间当做朋友。”无效碎片时间总是在不经意间从我们身边溜走，同时也会反向攫取能量，使人不知不觉中停滞在原地。为了逃出这个陷阱，就必须“狠一些”，用高效和自律来成为自己生命中时间的管理者。

效率体现在多个方面，韩静尤为注重时

间上的细致规划。在日程表上，她会预先规划好每一个时段的任务，让自己有着紧迫感，从而督促高效率完成每一个时间段上的任务。课堂上，韩静会将全部注意力放在课堂，全神贯注地倾听老师讲授的内容，以认真的学习态度在课堂上基本将全部内容学透，从而减少了课后复习消化知识点的时间，同时节省出了更多时间学习其他知识。严格的时间观念是对自己生活的掌控，这是韩静的坚持。她会将自己的学习时间和实习时间清楚地分开，例如，在研一下学期时将所需修的课程都安排在星期一和星期二集中学习；另外周末的时间也用来在图书馆进行课程复习、论文写作及看文献等学习工作。

对一件事情的熟悉度，会影响我们做事的效率。高要求是韩静对自己的标准，也是在潺潺流逝的时间里，自己没有辜负这段曾努力过的时光的印记。普通与卓越之间的跨越，就隐藏在她坚持和勇敢的时间碎片中。

在毕业季，面对紧迫的论文截稿日期，同时要面对秋招的千军万马，她坚定着心之所向，在论文构思与秋招同步进行的压力感下，抗住了多重严峻的挑战。最终，她出色地完成了毕业论文的写作，得到答辩委员会老师的一致好评，为自己的惠园生活画上了一个圆满的句号。

上下求索：做勇敢的破壁者

踏出校园舒适圈的那一刻是人生的新起点，也意味着要直面未知的一切风雨。韩静的实习和求职经历为我们展现了一名求索者的勇敢与挑战不可能的无畏。

据韩静介绍，在东兴证券研究所的实习工作中，她主要负责整理一些数据以及做日报、周报这样一些看起来简单的日常工作。但是由于专业的不同，她对行业和金融方面的知识了解有限，所以在工作中需要更加认真和细致。此外，实习的前辈也给予了她很多帮助，使她学会了去分析相关的数据并建立模型，并在实习期间最后阶段顺利地完成了一份金融相关的报告。在这段实习经历中韩静认为自己收获的不仅仅是金融相关的专业知识，更重要的是收获了自信和挑战未知的勇气。同时，在求职季的众多面试中，她也发挥自己擅于总体布局规划、领导力强的性格优势，勇敢地向前迈出了更多的步伐，最终亦凭此收获了众多 offer 的青睐。

她坦言，在自己没有足够的能力时，机会往往是留给别人的，与其留给别人，不如回过头来提高自己的能力，勇于面对生活中的每一次挑战。“道路不止一条，但殊途同归，将来的你一定会拼命感谢今天拼命的自己。”

直面挑战：做坚毅的佼佼者

“人，最可怕的不是疾病，而是丧失了意志和信念。”除了学习和工作方面的优秀表现之外，韩静身上的独立自主是她令人印象格外深刻的闪光点。在研究生入学之前，韩静曾经利用暑期一个月的时间担任兼职数学教师。这并不是一份简单的工作，但是她凭借着坚强的信念通过这份工作为自己赚取了全部的研究生的学费。

对于这段兼职经历，韩静表示印象颇深。“教学地点是各个乡镇，所以需要每天五点起床。因为教师资源的有限以及与学生数量的不匹配，需要同时担任十个班级的数学老师，同时还要不断结合网络名师资源来打磨教学方案，因此每天晚上七点回到宿舍后还需要备课到至少十点。”在这个过程中，有部分兼职老师因为无法坚持早起与较大的工作强度而中途退出，但是韩静始终严格要求自己，直面接受这份工作给自己带来的挑战，坚守住心底的责任感。

韩静表示，这段兼职经历给自己带来的最大的收获是锻炼了自己坚强的意志，高强度的工作压力使她进一步强化了自己坚毅的特质。另外通过对乡镇学校的教学工作，她更加明白了要珍惜当下已有的条件，通过自己的努力来回馈现在所拥有的一切。

汗水与泪水不会辜负每一位追梦路上的旅人。梦想的种子，穿过夜的混沌和月的皓洁，融化成风，遁入无边的浩瀚，最终成为仰望的星辰。“前途似海，来日方长”，这是对韩静走出贸大、拥抱未来的自信姿态的刻画。愿同她一样每一份在惠园里的努力播种，都能够绽放出无悔青春最夺目的光芒。

蒋捷媛：博观之士，报国之志

记者　梁丙鉴

蒋捷媛，中国 WTO 研究院世界经济专业 2016 级博士研究生，在 SCCSI 发表独立撰写及与他人合著论文四篇，曾赴 WTO 秘书处市场准入司实习，参加第 21 届 Model WTO 大赛并担任中国首席谈判代表，入选联合国教科文组织后备人才库，曾参与商务部、财政部多项课题研究，在校期间被评为北京市三好学生，即将就职于国家政府部门。

蒋捷媛的学士学位和博士学位都是在贸大获得的，前前后后已经在这所学校度过了八年的时光。她见证了一批批惠园学子来了又走，亲眼看着科研楼一点点建成，从某种意义上说，蒋捷媛和贸大是在相互的陪伴中共同成长。“我的三观都是在这里渐渐形成，很难用语言形容贸大对我的重要性，”她如此感叹道。

梦萦“地球村”

身为中国 WTO 研究院的一员，蒋捷媛攻读博士期间的经历和世贸组织十分密切。她经导师推荐获得了 WTO 秘书处市场准入司的实习机会，参与 WTO 成员进口许可数据库的建设。在日内瓦实习的半年时光里，她将大部分精力都投入到了这项工作中，该数据库上线后将极大地提高成员各类货物进口配额及许可要求相关信息的透明度，使国际贸易更加便捷。

在蒋捷媛的回忆中，这是一项“有意义，也有意思”的工作。WTO 有 162 个成员，每个成员通报进口许可信息的方式都各有不同，尽管这为她的工作带来了一定的困难，但她将这种现象的原因戏称为“每个成员都有自己的性格”。言及于此，她语气中带着几分笑意，仿佛“地球村”从一个比喻变成了现实，各个成员都是其中有血有肉的“村民”。

作为 WTO 总部所在地，蒋捷媛在日内瓦工作、生活的地方能见到来自全球各地的人们。人们大多说着英语这同一种语言，又在其中混入各自家乡的口音，以国际组织公务员的身份在一起协作以完成某个共同的目标。在这样的环境中，确实能让人对“地球村”这个概念有更深切的体会。“大家好像没什么差别，”蒋捷媛这样描述当时与许多外国人一起共事的感受。

和谐的氛围只是 WTO 令蒋捷媛为止神往的原因之一，在那里她感受到的来自前辈的关怀也令她印象尤为深刻。“我甚至觉得实习生受到了优待”，在 WTO 实习期间蒋捷媛能见到许多“大人物”，有时候学生时代教科书的作者就和你走在同一级台阶上，闲暇时他们还会拿出精力指点晚辈们在工作和科研上遇到的难题。这样的现象并不局限在中国人之间，据蒋捷媛回忆，“帮助后辈”似乎是整个世贸组织都有的氛围，有时候关照来自落后地区的实习生，仅仅是“为了让他们带着知识回国”。

这段在 WTO 为期半年的实习给蒋捷媛留下了深刻的印象，而她和国际组织结缘的经历，还要从十余年前说起。2009 年，大二的蒋捷媛加入贸大组织的访学团，参加联合国贸易和发展会议，并有幸和当地专家学者进行交流。这是她初次亲身接触国际组织，在国内高校普遍不甚重视国际组织人才培养的十年前，贸大给了她一个宝贵的机会，将曾经只出现在课本上的联合国贸发会议变成自己身处其中的会议厅和眼前德高望重的学者们。自那之后，“去国际组织实习”就成了她的梦想。

当年贸大访学团所入住的酒店隔壁是一片公寓，专门用来安置在各个国际组织任职的公务员们。大二的她也曾对着公寓门口进进出出的人们，和同行的友人一起感叹：“如果以后还能再来，到联合国工作该有多好。”少年饱含向往的话语在多年后变成了现实，当她以 WTO 秘书处市场准入司实习生的身份住进那片公寓中时，看着隔壁熟悉的酒店，一时觉得恍如隔世。“我又回来了，”她在心里对自己说。

志存报家国

结束在 WTO 的实习后不久，蒋捷媛参加了 Model WTO 谈判大赛。而经过此次谈判大赛，蒋捷媛感受到了更多的紧迫和责任感。在为期三天的赛事中，来自各国的 72 名参赛选手分为 12 个代表团，组成 6 个委员会共同探讨一系列议题。而有一个议题却在每次谈判中都无法达成共识，这个议题就是“中国的发展中国家地位及差别待遇”。

至今关于那场比赛的记忆在蒋捷媛脑海中仍然清晰，作为世界第二大经济体，中国的发展中国家地位受到了来自以美国为首的发达国家代表团的质疑，同时印度等发展中国家的代表团又希望中国作为“领头羊”承担更多国际责任。“压力会同时来自发达国家和发展中国家两个方面，”彼时担任中国代表团团长的蒋捷媛如是回忆。

不同于在 WTO 秘书处市场准入司实习时和同事其乐融融的办公氛围，蒋捷媛第一次感受到了中国在国际政治舞台上所承受的压力。国际组织在她心中不再仅仅是让人感到“天下大同”的乐土，而是透过自身为她展现出了现代国际竞争的严峻与激烈。“我也算是‘后浪’啊，”蒋捷媛感慨于中国当今国际地位和在国际组织中所受待遇不对等的现状，越发感到责任重大。“在西方国家制定国际组织‘游戏规则’的时候我们缺席了，现在首先要积极学习才能打破被动的局面，”身为中国 WTO 研究院世界经济专业的学生，蒋捷媛在多年的探索之后找到了属于自己的报国之路。

如今，蒋捷媛即将迎来博士论文的答辩，站在学生时代的终点回首四年前攻读博士的决定，她颇有些感想。在唯学位论愈嚣尘上的今天，她想提醒身后的学弟学妹们：“读博更适合创新性、求知欲强的学生。此外，学历越高就业面越窄，决定深造与否一定要考虑对就业的规划。”对于从事国际组织工作，蒋捷媛也鼓励后来者勇于尝试。“目前我们的学生对国际组织的接触还是比较少，”她感叹道，“但中国需要这方面的人才。”

罗晨：玉树初成，灼灼其华

记者　吴乐芃

罗晨，法学院法律（非法学）专业2020届硕士毕业生，本科就读于我校国际经济贸易学院国际组织人才基地班。她和团队曾代表我校参加第16届“ELSA-WTO”国际模拟法庭竞赛，创造了校史最佳战绩。在校期间曾赴联合国工业发展组织实习，多次作为随行翻译参加国际级活动，并参与数字经济研究、“一带一路”城市大会项目筹备工作等。罗晨成绩优异，综合能力突出，掌握中英法三门语言，取得雅思7.5的高分。此外，她还曾斩获国家奖学金、综合一等奖学金、国际组织奖学金等多项奖学金。毕业后将就职于中国机械设备工程股份有限公司（CMEC）。

今年的六月，许多应届毕业生还没有亲手将礼帽抛向天空，便亲身经历了“史上最难毕业季”，全国874万高校毕业生面临着多样的选择与疫情带来的求职障碍。但对于许多有准备的人来说，这场艰苦的“战役”并未带来过于沉重的挫折，刻苦与洞见所浇灌出的累累硕果在艰难时刻为他们带来了珍贵的机遇与全新的收获。

罗晨就是他们中间的一员。2019年的七月，刚刚结束联合国实习的她投下了为秋招所准备的简历，历经整整八个月，终于听到了CMEC的回音。

有志与力，一日千里

卓越总是有迹可循。秉承着学习为先这一信条的同时，罗晨也不忘积极参与各项活动，培育多样的能力傍身。谈及自己的发展之路，本科就读于国际经济贸易学院基地班的她回忆起了当年的日常：社团与比赛方面，她往往选择其中最能锻炼人、最有

含金量的去尝试并坚持；她热爱语言，常用不同的语速的VOA磨练自己的听写与复述水平；她曾加入TAR担任助教，独立设计属于自己的、富含她兴趣元素的趣味英语课堂；面对科研立项，在明晰繁冗的工作后，她往往分而化之，合理分配精力并提高办事效率；对于实习，她没有盲目冒进，而是依据自己读研的计划，选择在大三着手准备。头脑始终清醒，行动总是自律，在更丰富更全面的经历中，罗晨历练出了更完善的自我。

于罗晨而言，学习的宽度先于深度，本科时期的学习并未成为自己的桎梏。依据个人性格与时代需求，她选择了综合的发展方向，在研究生期间修读法律专业，凭借自己本科时期搭建的法律基础，在这个潜藏着风险与挑战的专业领域开启另一番征程。

对于跨专业、难深入的问题，罗晨拥有清晰的认知，因此，在接触新学科新行业之时，她从不吝惜花费更多时间去沉淀自己的学识与经验。研一时，罗晨参加了ELSA-WTO国际模拟法庭比赛，在团队中担任研究员的角色。经历了备忘录撰写、现场庭辩等环节的洗礼，她的专业素养实现了蜕变。在曼谷的亚太赛中，她与团队杀进了亚太区四强，一路斩获综合最佳书状、最佳被告书状等荣誉，为我校争得了历史最好成绩，也代表我校在这项赛事中首次入围国际赛。能力的提升催化了奖项的丰收，在校内，她也因成绩优异而收获满满。国家奖学金、一等奖学金、国际组织奖学金和学科竞赛奖学金等，她都一一收入囊中。

仰之弥高，钻之弥坚

跨专业的教育背景意味着经管法学科的综合熏陶，而语言运用、志愿活动以及在非政府组织实习等相关经历则代表着个人的综合实力。罗晨不断拓展着专业眼界的同时，也积蓄了过硬的业务本领。这些储备，帮助她扣开了联合国工发组织的大门。

2019年2月至7月的半年时间里，罗晨的任务极富挑战性，主要支持2019年9月召开的第四届“一带一路”城市大会项目的筹备工作。她曾承担笔译、交互传译、翻译会议文件的工作，也曾作为随行翻译多次参与国际活动，还进行了数字经济政策研

究、报告撰写等。

在这段经历中，经世济民的思想濡染了她，更坚定了她学以致用、造福一方的生涯目标。罗晨表示，在工发组织实习的时光里，她亲眼看见了联合国在完成减贫、包容性全球化和环境可持续性方面的目标时所付出的努力，亲自见证着种种推动工作被真切地落实下去，技术支持、政策咨询……这些都令她深深体会到："消除贫困、可持续发展不只是高喊的空虚口号，而是无数人在背后实实在在一点一点，用自己的一份绵薄之力，推动着整个世界向前走哪怕一小步。"

"沈识淹长，思综通练，起而明之，足以经济。"当了解到CMEC主要业务集中在"一带一路"沿线国家时，罗晨就十分期待成为其中的一分子，为推动社会与世界步步前行做出自己的贡献。

和光同尘，与时舒卷

罗晨依稀记得大一开学典礼上校长的话——大学生活的每一天都是在书写自己的简历。因此自大学生活开启之日，她参加任何活动时都会考虑，这项经历是否拥有足够的分量，能够为自己的简历增色。然而，即将步入工作岗位的她，在最近一年来又有了不同的见解："诚然每个人都在为自己的简历打工，但是简历并不能体现出一个人的全部，而性格、修养、见解这些东西可能正是靠着那些放在简历上没有用的经历沉淀下来的。"

在失败与变数面前，罗晨也同样保持着积极的姿态。回忆自己的求职经历，她提到2019年11月前后是她心态最难以平稳的时期，来自身边同学的压力使得她怀疑自身。为了更好应对波动的心态，她渐渐学会把精力集中在眼前实事上，减少对情绪的关注，甚至另辟蹊径，尝试了计划外的公务员考试。事后，她总结道："失败比成功多才是生活的常态，忌自暴自弃，为了解决难题多去做一些尝试，说不准哪条路就走通了，问题也能迎刃而解。"

本年度的毕业季是一道难题，对于每一位擅长解题的学生而言都是学识与素养的双重考验，蹚过大江大浪，他们将收获心智上的成长。谈及从学生到社会人的心理转变，罗晨送给笔者一句话："What doesn't kill you makes you stronger，一切经历都是为了打磨完善自己，不分对错，所以还是多经历一些事情。"经历过一段求职考验、一次次面试突围的罗晨为自己做了明智的减法，成为越发自信诚实、条理清晰、目标明确的人；因步入社会而流散的象牙塔之光也逐渐凝聚成她了更独立、坚强的心。

拾翠已倾筐，走出贸大的罗晨，准备好了。

潘敦浩：越努力，越幸运

记者　李泽辰

潘敦浩，外语学院葡萄牙语专业2016级本科生。学习成绩名列前茅，实践经验丰富，爱好广泛，曾赴葡萄牙科英布拉大学交换，并拥有在该校孔子学院以及中国农业银行北京分行的实习经历。现已被中航技进出口有限责任公司录取，将担任项目经理，从事国家军用航空技术和产品的进出口工作。

学业：操千曲而后晓声

作为传统意义上的“小语种”，葡萄牙语在外界看来，是冷门且困难的。而潘敦浩的学习过程也并非一帆风顺，起初，他未能找到适合自己的学习方式，因此成绩并不理想。但他坚持稳扎稳打，在大一利用一个假期的时间闭关修炼，复习巩固，提前预习，积极联系老师和学长学姐，最终成功克服了语言学习初期的不适。同时，在一次次克服学习上的困难的过程中，他找到了最适合自己的学习方式。他认为：“学习一门小语种，要在一开始就打好基础，并且持续勤奋地培养个人语言能力。努力非常重要，但有时努力不一定能立即见效。只有下定决心开始努力，并养成努力的习惯，经过时间的洗礼，就可以看到一个更好的自己。”同时，他还表示总结方法在语言学习中至关重要：“掌握良好的方法，可以帮助我们在学习过程中事半功倍，但某个人的方法不一定

具有普适性，每个人都需要去摸索最适合自己的方式，并加以有效利用，这样才能提高学习效率。”

除了在校内学习过程中探索出了葡语的魅力，他还在大三时远赴科英布拉大学留学和实习。国外交换期间，他始终将提升语言水平摆在首位，而全新的语言环境、文化习惯，以及不同于国内的课程安排，也对他的自主学习能力和学习状态的保持提出了更高的要求。面对这样一个全新挑战，他坚持稳扎稳打，有效地利用资源，及时适应新环境，最终取得了不错的成绩。

职场：行是知之始

本科期间，潘敦浩担任了2016级葡语班的班长。在此期间，他很好地联系师生，团结同学，使个人的组织和协调能力得到了很大锻炼。他认为，这段经历是他大学时光里一笔重要的隐形财富，也正是这段经历，在秋招时，尤其是无领导小组面试环节中，帮助他脱颖而出。

同时，海外实习的经历，更是开阔了他的眼界。在科英布拉大学孔子学院担任助教期间，他既体会到了外国人对于中国以及中华文化的热情。同时，他也深入了解到一门语言的价值。“语言如同国家间的桥梁，承担着消除偏见、开拓民众视野的作用；同时，必须将经济、贸易、文化等实质性内容置于语言这一载体之上，才能实现其作用的最大化。”潘敦浩如是说。

除了以葡语为主要工作内容的实习，他还有一段在银行实习的经历。进入全新的工作环境之后，从营业网点的策划营销方案、销售活动的开展到日常的网点管理，他都需要从头学起。同时，他也需要与形形色色的客户进行交流，这就使他努力在实践中掌握新知识的同时积极向前辈们交流学习。也正是这段宝贵的实习经历，丰富了他的阅历，锻炼了他的个人能力，也对就业有所帮助。当谈及这段经历时，他表示：“人必须要走出自己的舒适区，在全新的环境中接受全新的挑战，这样才能促使自己不断地完善和进步。”

实习结束后不久，潘敦浩迅速投入了秋招。而谈起秋招，他首先想说的就是感谢。整个秋招阶段，老师和前辈对他的关切与指导是至关重要的，也正是这些“过来人”的帮助和建议，让他坚定了选择中航技的决心。在感谢之余，他也谈到了自己在秋招过程中总结的一些经验。首先，他认为专业知识是基础，没有牢固的专业知识，一切都只是空中楼阁；其次，还要了解自己所应聘的企业，毕竟知己知彼者百战不殆；与此同时，掌握一定的面试技巧也是很重要的，保持良好的心态，做到随机应变，找到合适的方式表现自己。机会总是留给有准备的人。”

对于未来，潘敦浩有着明确的规划。目前，他已经开始自学未来工作种所需的业务知识，同时他也提到，不能疏忽自己的专业，要继续打磨自己的语言能力，多总结积累经验，为未来的工作打好基础。

生活：理解与热爱

在和潘敦浩交流的过程中，记者发现他是个热爱生活的人，喜欢旅行和拍照，喜欢运动，也喜欢音乐，在对话中，他总能透露出对生活的热情和热爱。他曾到过许多欧洲国家，也计划着下一阶段的旅行目标。对他来说，旅行既是对自己身心的放松，同时也可以体验不同国家的景观和文化，开阔眼界，丰富知识。

运动上，他喜欢打篮球，也喜欢 NBA，更是对火箭队有所偏爱；而对于音乐，他更喜欢 R&B，他认为音乐是情感的延伸，可以通过音乐向听众传递情感力量。

最后，潘敦浩表示，受到疫情影响，没能完整度过自己在贸大的最后一个学期，确实有些遗憾。但他也表示自己在贸大度过的四年时光，点点滴滴都充满精彩。今后回忆起来，也将终生难忘。感谢一路上各位老师和同学的慷慨帮助，也希望同学们珍惜时间，脚踏实地，心中有梦，不负青春。

愿惠园流年可忆，未来前路可期。

潘鹏元：心之所向，行之至远

记者　黄海峰

潘鹏元，国际关系学院2016级政治与行政学专业本科生。视觉中国签约摄影师。历任校新闻网记者团（现校融媒体中心）新媒体部部长、副团长。曾于网易新闻、《人物》杂志、快手公共关系部等多个媒体与传播机构实习。已获腾讯、字节跳动、哔哩哔哩等多家公司的offer，毕业后将于OPPO就职。

对于潘鹏元来说，四年的本科生活，一半属于贸大，另一半则属于贸大之外的大千世界。闲暇时候，他总会拿起他的相机和三脚架，从惠新西街出发，去往一个又一个充满未知与幻想的目的地。从安贞医院的急救室，到槐房北路的废弃车厢，从可可西里雪峰辉映下的河流，到塔克拉玛干刮着大风的沙丘……游历过11国27省，累计行程20万公里的他，把瞬间定格，将光影凝固，相框里流露出来的，便是一个关于记录与升格的故事。

肩负使命，升华自我

一向热爱写作与摄影的他，在大一的时候加入了当时的校新闻网记者团。回忆起作为一名文字记者的时光，他认为采访报道和编写文稿并不是这段经历的全部。由于干事人数相对较少，潘鹏元接过了摄影、撰写推送等工作，也开拓了自己在新媒体领域的相关知识。在大二时他主管了学校的官微运营，大三时成为新闻网记者团的副团长。虽然工作内容越来越宏观，但他始终很重视对从事基础工作的干事们的培养。“笔铸感动，薪火相传”，“传”并不仅仅在于传播信息和内容，在他看来，自己应该肩负起“将新闻网优良传统传递下去”的责任，而在新闻网记者团的工作时间越长，这份责任感在他心中就愈发强烈。

对于自己的另一大爱好——辩论，潘鹏元同样有着很深的感触。他愿意用“西西弗斯神话”来类比整个校辩论队的奋斗历程。备战市级辩论赛往往工作量巨大，连续熬夜一个月也是家常便饭。然而，近乎卧薪尝胆的付出却换不来最终的胜利，辩论队一次次折戟沉沙，连续几年都未能拿到华语辩论世界杯黄金联赛的入场券。失落、沮丧有时会淹没包括潘鹏元在内的每个人，但对辩论的热情总能让他们在最快的时间里恢复元气，重整旗鼓准备下一次的比赛。

其实，没有人愿意做真正的西西弗斯——在周而复始的努力与失败中循环，但对于潘鹏元而言，过程远比结果重要得多。辩论赛的论题往往是“自己从未关注过”但却很值得探讨的社会现象，而研究越深入，就会发现自己的知识空白越多，由此又引发更多的研究……每完成一次比赛，都会使他的视野得到更广阔的开拓，思维得到更多元的升华。有人说，人文纪实摄影需要各方面的素质积累，而在辩论队的这段岁月，也为他日后的摄影工作增添了出彩的砝码。

职场历练，谦行求索

“放下傲慢”，也许是经过实习之后的潘鹏元将信奉的四字箴言。

在结束大二升入大三的那个暑假，在《人物》杂志，已经决定在本科阶段尝试求职的他开始了自己第一份真正意义上的实习。与新闻网记者团的经历类似，在这里，作为助理记者，他需要与受访者对接，并协助主笔记者进行采访。但第一次的失败来得如此突然，以至于那一份遭到漠视的构想对潘鹏元来说记忆犹新。当时，他拿到一条线索，关于一个父母离家的、在校园内连环抢劫的 13 岁男孩。潘鹏元很自然地将矛头指向男孩的双亲，不出半个小时，他便拟出一份以“父母未尽责任，教育失位”为主题的报道提纲。但这份提纲却得到了无比冷漠的回应。事件的真相是，男孩的父亲不幸染病，母亲为寻求治疗费用而背井离乡，在教育孩子与挽救性命之间，这个家庭没有选择的余地。

潘鹏元说，那是他人生中极其重要的一刻：他第一次感受到自己与真实世界的断裂。生活在城市中的小康之家，他意识到自己一直在用一种固化的思维去想象社会上发生的事情，即使这些事件的主人公与自己有着完全不同的境遇和生存逻辑。在他看来，正是这样的思维，使他变得傲慢而自以为是。

既然傲慢的根源在于缺乏了解，沉下心来真诚地去发现和记录，则是消弭傲慢最好的方式。在《人物》杂志实习的这段经历中，他跟随主笔记者，既采访过著名导演张艺谋，也采访过形形色色的普通百姓。在与许多性格不同、思想不同、层次不同的受访者交流的过程中，这个尚未走出象牙塔的大学生，开始认真地审视自己所处的这个社会，开始思考自己与真实世界的距离有多远。

捕捉光影，记录灵魂

“对我而言，照片意味的不是形式意义上的美，而是被拍摄的事物的本身。”潘鹏元说，相比于被定义成一个“只是摄影不错”的人，他更喜欢被描述成一个“记录者”。他曾在夏末九月去往可可西里自然保护区，拍下了高原之上的白鹅和藏羚羊。在和当地的一些志愿者简单交谈之后，他发现，这里的志愿者都拥有很高的学历，但他们还是选择来到了这个夏天也会突然刮起暴风雪的地方，而且每一次遭遇盗猎者，这些年轻的志愿者们随时都面临着生命危险。

刚刚拍下的照片还保存在相机里，但潘鹏元却对这些“看上去很美好”的场景失去了兴趣。在他看来，如果这些照片无法记录下发生在可可西里的真实场景，那么它们将是没有意义的。

实际上，对于一张照片的“灵魂”，潘鹏元有着自己独到的理解。他曾经从成都出发，经过 24 天的骑行到达青藏高原之上的拉萨；他曾在帕米尔高原上塔吉克人的村庄里，以当地居民的生活方式居住两个星期。作为一名摄影师，他希望通过自己的视角，创造出一种能够被人们记住的力量，而除了忠实地记录照片背后的故事，另一个方法就是抓住独一无二的瞬间。这样的瞬间有时会被偶然邂逅，有时则会在世界的某一个角落等待着被发现。正如在南疆，在清真寺和当地的传统民居的身后，便是喀什新城的高楼，这样的传统与现代，古老与先进交融在一起，呈现出的矛盾冲击感便是照片的灵魂所在。他坦言自己的摄影技巧也许并没有同行那样的出色，但他从不会吝啬自己的脚步，“到某个地方去，和那里的人们一起度过一段时间，这样你才能发现一些只有到现场才能找到的东西。”

在四年的贸大生活中，“喜欢”与“不喜欢”仿佛就是潘鹏元的终极话题。对于自己的爱好，他会付诸精力与行动，全身心地投入其中；对于不感兴趣的事物，他不会违心相迎而是果断舍弃。他有时会羡慕那些有着明确目标并能持之以恒的同学，但青春的答案不止一个。

“无穷的远方，无数的人们，都和我有关。”走在一条不断向前延伸的路上，他永远对前方的未知充满好奇。他总说自己是一个“三分钟热度”的人，但就探索远方而言，他从未停下脚步。成为出色的传播者和传媒人是他的理想，翻越重山之后的他，面对的便是海阔天空。

弓丽栋：乘风破浪勇向前

记者　李竹音

弓丽栋，国际商学院技术经济及管理专业2016级博士生，北京市志愿者，学习成绩优异，综合能力突出，曾获光华奖学金。在校期间主持3项科研项目，发表6篇学术论文，毕业季获多家央企、高校的offer，毕业后将入职中国能源建设集团。

总须扬帆争前浪

“我一直有一股劲，希望能够做得比别人更好，能够冲到前面。”不懈努力，不断向前，始终期待更好的自己，是弓丽栋一直以来的坚持。

回顾求学经历，“要强”两个字就如同一把丈量进步的尺，一直伴随着弓丽栋的脚步，促使着他永远向高处看，持续不断地成长和提升，也为他一点一点地开拓出了更为广阔高远的发展空间。高中时期的他就在最好的班级，进入大学后为了延续优秀，他更是将绝大部分精力用在了学习上，始终让自己的绩点和排名保持在前列，或许娱乐时间少些，但这也让他完成了汲取知识、充实自身的过程，为成为更好的自己打下了坚实的基础。在进入博士阶段后，除了繁重的课业压力外，还要面对如何更好地完成要求严谨、审核严格的学术论文和科研项目的问题。他清晰规划，提前准备论文以确保给出版社预留充足的见刊时间，并且尽力完善科研内

容来提升项目质量，成为目前第一位连续三年主持科研项目的学生。正是这份认真负责的态度，让他收获了发表六篇论文的好成绩。

除了在学业上取得的优异成绩，弓丽栋在实习工作方面也收获了累累硕果。他先后在中国电子信息产业发展研究院和中国能源建设集团进行了相关实习工作。“研究是需要创新思维的，而进入工作岗位时对你的要求就会有变化，你又需要尽快改变自己的状态。”他以很快的速度调整好了从研究转向工作的心态，像螺丝钉一样融入了工作大环境，在实习工作中充分地展现出了认真负责的态度和扎实的专业基础，获得了多家央企、高校的青睐。

“平台高也好，平台低也好，我始终要争取在前列。”以高标准要求自己，方能练就一身本领。用最勤的脚步去奋斗，用最恳切的心去前进，用最大的努力去争取最好的结果，这已经成为弓丽栋的习惯。脚踏实地、志存高远，未来的风景也会愈发明丽，愈发美好。

风物长宜放眼量

成长的路上并非一帆风顺，有时也会面对迷茫与困惑。“回想自己的十一年求学经历，我总是感觉自己是独自一个人，尤其是在本硕时期这种感觉特别强烈。不管是学习也好，锻炼也好，很多时候我都是自己一个人。”弓丽栋回忆道，“当时看着很多同学身边都有伴，都在玩，自己有的时候也会想说希望能像他们一样，而这种感觉有时就会影响到我学习的进程。”这种独自前行，担忧自己与旁人格格不入的孤独感伴随了弓丽栋很长时间，对这种感觉的排斥更是一度对他学习和生活造成了干扰。

但随着不断成长，阅历逐渐丰富，心境也随之开阔，弓丽栋与自己的孤独感达成了和解，同时也更加坚定了自己向前看、着眼于未来的信念。“来到北京后，尤其是来到了贸大之后，我的心态突然就转过来了。就是发现有远比陪伴更重要的事情，那些关乎我的未来，能够影响到我前路的事情在等着我，我不应该把精力放在这种感觉上。”

明白这一点，让弓丽栋变得更加从容，独处变成了一种生活有机的组成部分，也变成了认识新朋友的机会。“自己渐渐明白，对于一些勤奋的人来说，独处其实是一种常态。而且独自一个人的时候，可能会遇见老师，或者一些新的同学，我就可以很自由地去和他们交流。”路途漫漫，难免偶有困惑，但放眼前望，砥砺前行，胸中块垒或许便会在不经意间化于无形，复得自在。

人生的路途有坦有跻，然而不囿于当下的迷惘，未来自然有风物大美，自待君来，这也正是弓丽栋对自己和学弟学妹们的共同期待。

且以行路至远方

回顾过往，“脚踏实地”“踏实奋斗”已然成了弓丽栋的标签，说的每一句话都是立足实际，走的每一步路都是扎扎实实，功夫越下越大，路便越走越宽。而对于现阶段的生活，“责任”是弓丽栋提及频率很高的一个词。不管是为个人和家庭的未来负责，还是对于社会责任的担当，都是推动他不断前行的动力，而不懈的奋斗与努力，也正是对于这些责任和期待的最好回应。

当被问及给学弟学妹的建议时，弓丽栋说道：“要去体验和接触，选择最适合自己的。”比如选择实习工作，不是越多越好，而是要自己切实地去了解和实践，去感受自己是否适应，才能最终得出结论；再比如选择导师，可以争取面谈，去了解对方的要求、性格等，这样才可能找到适合自己的导师。“行”之一字，既是对于学弟学妹的寄语，也贯穿了弓丽栋人生历程的始终。

积以跬步，可至千里，行以致远，未来可期。

涂芮：日新臻善，行而不辍

记者　张欣琦

涂芮，国际商学院会计学专业2018级硕士研究生。大四时，她在北京市委员会国际联络部实习一年，长期联络各国驻华使馆、非政府组织及青年组织。曾经前往贸大对口扶贫县云南省西双版纳傣族自治州勐腊县第一中学进行为期一年的支教活动，荣获当年西双版纳州州联考教学质量奖。曾获北京市优秀基层团干部、校级优秀学生干部等称号。两年读研期间成绩优异，在秋招中获得华为财经、汇丰银行总行、工银投资等公司的offer，最终选择工银投资。

对于过去的学习经历和未来的职场生涯，涂芮以“结果导向”定位自身。而在整个人生中，她是一个“过程导向”的人。前者是她一直秉持的做事准则，后者则是她面对生活的处事态度。

在贸大四年本科和两年研究生的学习生活中，对待所学专业，涂芮一直保持着热忱与专注，认真严谨，脚踏实地。提到学习经验，她表示首先各学科基础要打好，基本功要扎实，“临时抱佛脚一定不可取”。其次，获取知识之后的实践非常重要。“例如通过协助进行财务分析或者尽职调查，多运用多思考所学知识，逐渐就能够让书本中那些看上去很‘死’的理论活起来。”在反复应用的过程当中，理论知识就得到了进一步的巩固和掌握。

成绩优异的同时，涂芮在多个方面都有所发展。本科期间，她积极参与校内学生工作，多次获得校级优秀学生干部称号；大四时，她曾于北京市委员会国际联络部实习一年，与大使馆、非政府组织和国外来访团沟通联络，定期组织国际青年交流活动，并参与了2017年“一带一路”国际合作高峰论坛。在国际联络部实习的这一年里，她

显著提高了人际交往能力，眼界也开阔了很多。涂芮说："由于外国人在沟通上的很多习惯和我们有很大差异，所以在交流中也提升了自己对他人的包容性。"所谓良工不示人以朴，前行的每一个阶段中，她都在慢慢进步，完善自己。

除此之外，涂芮一直积极投身于各项志愿工作，以自身力量做出贡献。就读贸大期间，她积累志愿时长超过两百个小时，并曾协助发起校友奖学金资助项目，长期联络三名贫困学生。本科毕业后，她作为研究生支教团的一员，与团队一起去往云南省西双版纳傣族自治州进行了为期一年的支教工作。为了更好地教授学生，她在大四时考取了高中地理学科的教师资格证书，并且于正式支教前在贸大附中讲授了半年地理课。到达当地后，面对艰苦的条件，她与同伴们快速适应环境，克服生活中的困难，同时逐步摸索合适的教学方法和风格，努力拉近自己与学生的距离。提及选择地理学科的原因，涂芮表示，一是因为自己喜欢地理，二是希望可以帮助当地的学生认识更广阔的世界，启发他们走出去的想法。当被问及对支教的看法时，她告诉记者："其实我们的目标并不只在于帮学生提高多少成绩，更多的在于让学生们对某个学科产生兴趣，教会他们不同的思维方式，鼓励他们去勇敢追逐自己的梦想。"她说："只要学生因为我们而产生了积极的改变，哪怕是一点点，都是好的。"

对涂芮来说，支教给她带来的收获是成长与思考。这一年里，她得到了不断锤炼，学会了如何面对困难，并利用这段时间停下脚步进行了自我反省和未来规划。"这是我人生的一个转折点，也是此生难忘的回忆和弥足珍贵的财富。"她这样评价自己的支教经历。

步入研究生阶段，涂芮将更多的精力投入到实习中。谈到专业相关的实习，她为自己总结的一个关键词是"试错"。所谓试错，是在未知的道路上尝试各种答案的过程。在不清楚自己到底想要什么的时候，多尝试不失为一个解决方案。读研期间，涂芮主要参与的是市场投资方面的实习。她表示，这一方向是她所感兴趣的，想看看自己能否做好。同时，她也希望通过实习，锻炼自己的专业研究能力。"在这方面，我选择过程导向的思维模式。"正是试错过程中一次次有失败亦有成功的尝试，让她确定了就业方向，也正是这些尝试帮助她不断积累着市场投资工作的实践经验，让她最终在秋招中获得了和预想相近的 offer。

谈及实习与就业中的困难，涂芮坦言做选择就是困难之一。“人生要面临太多选择了，做选择又是一件很难的事情。”她说道，“在决定不了的时候就可以随着内心走，不要从众。但是在已经做出选择后，就要认真对待。能力足够，上进心强，不管在什么岗位上都可以做得很好。”

面对学习、工作和生活中的每一个目标，涂芮不断追求卓越，止于至善。展望未来，她选择把目光放远，跟随内心。她也鼓励学弟学妹们多去尝试和体验，因为在试错的过程中，可以进行更深层次的自我发掘，同时也能让人生更加丰富和有趣。但其中最重要的一点在于学会权衡，“需要在不停变化的想法里去坚定自己最想要的东西。”惠园拾忆，在六年的学习生活里，她不断求索，日就月将。步入更广阔的天地，她将整理行囊，继续前进。行路而不辍，未来均可期。

文会党：有的放矢才能一往无前

记者　丁彦雯

文会党，对外经济贸易大学统计学院研究院2018级硕士研究生，应用统计专业。学术能力突出，实践经历丰富，在校期间先后于民生银行、北京舟济科技有限公司、百融云创科技股份有限公司实习，并在2019年秋招中斩获13个offer，最终顺利签约中国银行软件中心。

有目标才有动力

文会党本科就读于中国石油大学数学专业，初入大学，文会党发觉本专业的课程安排以偏理论的基础课程居多，与现实世界的连接并不紧密。很长一段时间里，文会党对于自己未来的职业规划并没有清晰的方向。迷茫期就如同一只漂泊太久的船，彼岸浓重的雾模糊了终点，此时若没有穿透浓雾向往阳光的决心，就注定停步不前。谈及如何理性地度过迷茫期，明确适合自己的目标，文会党建议，一定要多和身边的同龄人交流。盲目地努力很容易半途而废，尽早明确航向是当务之急。在与各个高校、各个专业的同学交流探讨的过程中，一次次思想的碰撞产生了一系列奇妙的化学反应，随着交流不断深入，文会党眼前的路也愈发清晰，最终明确了以对外经济贸易大学统计学专业为目标的考研方向。

明确目标后，需要的便是不渝的追求和不懈的努力。对比母校，文会党认为作为理工科院校的石油大学科研氛围浓厚，更务实朴素，而贸大作为财经类院校实习就业氛围浓厚，更开放包容。贸大活泼的性格固然是其优势，但初出茅庐的惠园学子在实习工作中，往往会发觉自己的理论知识储备欠缺，其中一个重要的原因正是科研氛围

不足。学子们对于书本上的知识掌握不够熟练，理解不够深刻，久而久之在实际应用中就会暴露出后劲不足的问题。对此，文会党建议刚刚接触应用统计专业的本科生一定要充分利用贸大这个优质平台。文会党解释，应用统计主要分为两个方向：数理类和经济类，而贸大有丰富的课程资源和灵活的选课机制，完全可以做到“两手抓”，即在学好数学分析、高等代数等数理类课程为建模能力打基础的同时，学习一些经济类课程，提早储备经济、金融的相关知识。此外，外语能力和实操能力也是未来发展所需的重要技能，需要不断地训练和强化。

摆正心态，虚心向前

仰之弥高，钻之弥坚。贸大的双导师制度让文会党收益良多，在校内导师的悉心指导下，他的学术能力不断提升；与校外导师的交流，也让他后期的工作职业规划逐渐明朗。文会党自身的努力和导师的谆谆教诲奠定了他的成才之路，也让他在秋招中大放异彩，一举斩获 13 个 offer。被问及秋招的经验，文会党分享道：“秋招是一场残酷的心理战，要想在一众竞争者中脱颖而出，需要具备良好的心理素质。”首先，要有自信心。秋招中每个人都做好了万全的准备，这时候切忌胆怯畏缩，而要以胸有成竹、从容不迫的姿态面对面试官，相信自己的能力，也要相信贸大在社会中的认可度。其次要学会冷静。投递简历时，面对上百家专攻不同、良莠不齐的企业与岗位，要稳住心态，沉着地思考自己真正想要从事什么行业、能否胜任这份工作；面对面试官的提问，首先应该理智地分析问题的实质，要有全局意识和发散思维，争取在高压环境里做出最理性的回答；收到多个 offer 时也不要盲目乐观，应从平台、工作时间、性质、升职空间、行业发展前景等多方面综合权衡，挑选最中意的岗位，而不应仅考虑薪酬。

谈及三段实习经历，令文会党体悟最深的是从理论到实践的转变。“现实相对于书本要更复杂多变，工作中多虚心向他人请教，才能有所收获。”文会党感慨道，“以数据分析为例，实际数据样本量大、数据杂乱，与平时在学校做实验建模时接触的数据大相径庭。”在一次实习工作中，面对样本量为几万、指数众多、极差很大且存在众多缺失值的数据，文会党第一次体会到将理论运用于实际的艰难。文会党发现，书本上对于数据的处理方法在实际中并不完全适用，于是不服输的他积极向正式员工咨询经验，凭借自己过硬的理论基础一次次地尝试建模，最终得到了令人满意的结果。这项数据处理工作的成功让文会党熟悉了处理实际数据的流程，也让他对于未来的工作充满信心。

文会党十分看好大数据的发展前景，他说：“大数据主要通过数据和建模将事物量化，以数据为支撑，缩小了以往仅凭经验总结作判断而产生的误差，使结果更准确、可靠、可信。”尽管如今的大数据分析仍存在硬件设备达不到预期需求等实际问题，但文会党相信随着尖端科技的发展这些困难都会一一解决。

以诚感人，不负韶华

“未雨绸缪、言少行多、独立自律、志在四方、人缘超好”，这是文会党简历中提到的自己的五个特质。如果说前四个特质来源于文会党的追求，那么“人缘超好”则得益于他真诚待人的品格和与生俱来的幽默感。文会党在整个读书阶段，都是朋友眼中里可信可靠的代名词。秉持着“做人低调，做事务实，不露锋芒，真诚正直”的交际原则，文会党收获了很多珍贵的友谊。疫情期间，文会党身处湖北，常常在线解答同学们有关建模、公式的推导、代码等问题，并积极参与学院组织的实习就业指导会，向研一的同学分享经验。面对疫情带来的就业冰封，文会党鼓励大家不要灰心，挑战往往与机遇并存，如果企业和高校的就业扶持政策能够有效率地对接，应届生的面试、实习并不会受太大影响。不仅如此，现今大多企业都支持远程面试、实习，这种灵活的机制打破了时间、空间的局限，让我们可以放眼全国，选择适合自

己的优质实习岗位。

疲惫的学习工作之余，文会党常常用自己热爱的羽毛球、游泳和摄影来转移注意力，为自己充电。文会党在镜头中审视人生，以第一视角记录生活、挖掘美丽，经过时间的沉淀，一张张泛黄的旧相片凝聚成一份珍贵的时代记忆，这是他关乎青春与奋斗的凭证。

回望与惠园朝夕相处的岁月，文会党心存感激。不论是时刻关怀贸大学子的母校，还是和蔼可亲、平易近人的导师、导员，亦或两年间始终与文会党并肩而行的挚友，都在他内心最柔软的地方留下了温暖的印记。采访的最后，文会党希望学弟学妹珍惜大学生活，以孜孜不倦、持之以恒的心态向目标奋进；希望本科生同学能乘风破浪，积极参加社会实践，在丰富多彩的大学生活中体悟人生；希望研究生同学能潜龙勿用，扎实地提高自己的学术能力，尽可能在学好本专业的前提下多积累实习经验。

愿所有的付出皆有回报，所有真心皆被善待，所有逐梦之人皆如愿以偿。

赵梦妍：小步快跑，快速试错

记者　李竹音

赵梦妍，英语学院商务英语专业2016级本科生，在校期间学习成绩优异，能力突出。毕业季收获快手、美团、小米、字节跳动等多家互联网公司的 offer，毕业后将入职北京快手科技公司。

回顾在贸大的经历，“尝试”的精神就如同一双谢公快屐，助赵梦妍不断砥砺攀登，且行且远，尽览曼丽风景。

勇于探索，躬行试错

“其实从高考填报志愿起，我的规划就并不是非常的清晰，并没有一个非常确定的方向。我是在不断的尝试中确定了自己的未来规划的。”在努力的过程中且行且探，不断调整方向，勇于试错，是赵梦妍面对如何确定未来发展方向这一问题的态度。

“在确定自己希望从事的行业时，不要给自己设限，可以做很多尝试，包括跨专业的尝试，这一点现在其实也是被很多公司所接受的。”在贸大学习的过程中，赵梦妍就在专注好本专业课程的基础上，充分利用了学校的良好资源，积极地尝试

各类通识通修课程进行了跨专业的学习，培养了不同方向的能力。

从本专业的语言类相关课程，到会计专业的相关课程，再到营销市场方面的知识，学习知识的领域跨度不可谓不大。“进行跨专业的学习，很多对于本专业的同学来说是基础的东西，对于我们来说很可能就是缺失的。所以要花时间去学好行业基础知识，补齐短板很重要。”充实自己的努力并未白费，多领域的知识积累转化成了更为多元的机会。

商务英语专业的赵梦妍最终选择进入北京快手科技公司，从事用户增量相关的工作，这并非她的本专业方向。对于这样的选择，她表示，正是一次次或收获较少或领悟颇多的尝试让她最终确定了自己对营销市场领域的兴趣，也正是这些尝试让她掌握了有关营销领域的跨专业知识和技能，得以在毕业季斩获了心仪单位的 offer。

“或许有的人可能会觉得这样不断尝试的方式有点浪费时间，但在我看来，勇于尝试给了我很大的帮助。”回顾自己的经历，赵梦妍笑着说道。未曾确定好方向也未必是坏事，不受束缚的探寻或许会带来最适合自己的可能性。“不设限，敢探索”是赵梦妍身上鲜明的印记，未来也必将见证她走过更美好的风景。

小步快跑，终达千里

“大概是在大二的时候，有一门课的老师讲到‘要比要求做到的标准做得多一点’，这句话让我印象很深刻。其实就是每次多做一点，不断积累，量变终会引起质变。”做事要比他人要求做到的再好一点，是赵梦妍一直以来对自己的要求。

在校学习过程中，她下更大的功夫去更多维度地了解营销市场领域的知识，掌握多方面的技能；在实习工作中，她同样尽全力在完成每一项任务时都多做一点。“在实习的过程中，我的老板也说过，每次都多做一点是很重要的，因为这样一点一点积累下来的是别人对你的信任，在之后可能就会变成给你多做一次的机会，这是很可贵的。”

小步快跑的同时，总结经验也是丰富自己至关重要的一步。“很多同学觉得只要多参加实习就可以了，但其实不是单纯地进行实习工作就可以了，而是一定要总结经验，形成自己的东西。”这也是赵梦妍一直以来所注重的，不断的总结使她更充分地掌握了工作过程中获得的技能，在再次面对相似的问题时也不会陷入慌乱的境地。最终，她凭借着更为成熟的表现在毕业季激烈的竞争中脱颖而出，最终获得了小米、快手等多家公司的青睐。赵梦妍将行走的每一步都化作胸中丘壑，把每一件事都完成得比预设的标杆还高一点点，并时不时反思，不经意间便已经形成了如山的积累和沉淀。

奔跑的旅途中会邂逅一段一段的风景，偶尔也会有风雨，心有定数便会雨过天晴。对于不同阶段遇到的困难，赵梦妍也总结出了自己的化解方法。她强调情绪管理很重要，不要让情绪拖慢效率；其次应当学会拆解问题，化大为小，逐个击破；除此之外，寻求他人的帮助也往往会让人收获良多。

当行过的路与遇过的雨都化为成长的养分，自己便会越来越完善；每次多做一点，一小步一小步地往前迈，终会得见风朗海阔，明媚天光。

“‘小步快跑，快速试错’是我看过的有关腾讯的一本书上提到的，我觉得可以用来总结我在贸大的四年。”这不仅仅是赵梦妍对自己大学本科时光的总结，更是提供给学弟学妹们的建议。

登高必自卑，行远必自迩。将给自己的标准设定在既定标准之上，每次多做一点，做好一点，就像是在人生的迢迢大路上以一个稳定的速度不断前进，到达终点的瞬间，每一滴汗水都会得到回报。

“不给自己设限，突破局限的视角；勇于尝试，走出舒适区。”在不断地探索与试错中深入了解自己的短处和长处，并在此基础上补齐个人的短板，不断吸纳知识，总结经验，坚持进步，终会迎来“直挂云帆济沧海”的快意风景。

不断试错，不断成长，小步快跑，终至千里。

王薇：高度自律　方得始终

记者　王　虹

王薇，2018 级国际经济贸易学院研究生，本科毕业于对外经济贸易大学国际经济与贸易专业，并获得俄语文学第二学位。本科期间获得国家励志奖学金，综合一等奖学金和综合三等奖学金以及校级优秀学生称号，并担任国际经济贸易学院青年先锋志愿团副部长和志愿团策划宣传部副部长。大三时获得国家留学基金委全额奖学金，作为公派留学生赴贝加尔国立大学进行学习，并任职于中国留学生学生会，在中俄经济大学联盟暑期实践项目担任中方学生代表。研究生期间担任学院国际商务 2 班班长，综合排名专业第一，获得国家奖学金和研究生一等奖学金。曾在博南石管理咨询有限公司运营管理部、中国国家统计局国际经济信息处、京东数科智能农牧市场部和小米集团国际市场部实习，毕业后即将入职阿里巴巴集团。

从大一到研二，王薇在贸大求学六年，回首来路，她看到了自己留下的足迹，也看到了时间赠予她的经验。作为一个极看重效率的人，正是那一分一秒垒起的砖墙构筑了她的高台，从那里她可以看向更远处的梦想。她确实是一个合格的匠人，缜密、自律、专注，有原则、有蓝图、有热情，大厦将成，飞甍将展，她最想分享的便是这一路上的经验。

按牢标尺

指针拨过一格，或大或小，或分或妙，王薇都很重视。疫情期间，久居在家，没有了上下课的铃声，没有了身在眼前的老师，时间就像一根橡皮条儿，在弹来弹去中

失了劲道，也许少有人可以像王薇这样兢兢业业地抻住她的日子。王薇说："这是工作之前的最后一个假期，也是我能和父母待在一起最长的时间，我会用一部分的时间来陪父母，做家务。"除此之外，她一天中会抽出两个小时健身，早上一小时，晚上一小时。论文终稿提交之前，她每天会抽出一个小时以上的时间修改论文。其余的时间被安排用来读书，因为之后会入职一个与专业跨度比较大的职业，所以她阅读了《运营之光》和《新零售时代三部曲》等书籍，以便提前了解相关的专业知识，为将来打好基础。

在以往的学习生活中，王薇也是这样的态度。她十分注意把握重点和控制节奏，张弛有度，松紧结合。她认为上课时间是能够快速消化知识的最好时机，务必要利用好课上时间，根据老师的讲解做好重点标记，这会让我们在期末复习的时候事半功倍。而周末休息之余，也要温故知新，通过刷题找出知识之间的规律。每个学期的考试周则是黄金时间，应当根据考试科目的顺序提前做好规划，科学有效复习。如此则心中有数，不至乱了阵脚。

画好蓝图

在贸大六年的学习生活中，王薇一直都有"下一步"意识，她不但知其当为，也知其所以为。九月秋招成功通过阿里巴巴选拔只是几天的事儿，但王薇说："在研究生入学的那一天，我就开始做规划。"对于选择专业跨度较大的职业的原因，王薇做了解释。第一，她的专业是国际商务，偏向国际贸易，但因为个人对贸易工作并非特别感兴趣，所以一直在考虑换一个就业方向。第二，如果

选择进入金融行业，国际商务专业相对于金融专业可能优势不大，她需要寻找另一个突破口。第三，从行业趋势来看，目前互联网行业发展有一个良好的前景，她十分希望能够尝试一下。所以研究生期间的两份实习她都选择了互联网，在实习的过程中也发现自己的兴趣确实在此，求职重点自然就放在了互联网行业。对于选择阿里巴巴集团，王薇有很成熟的考虑。第一，她对于阿里巴巴有比较强烈的兴趣。第二，作为互联网行业的领先者，阿里巴巴有强大的实力。第三，阿里巴巴所在的城市杭州属于新一线城市，各方面的压力会比北上广低一些，适合年轻人去打拼。

担任商务 2 班的班长也并非心血来潮，王薇说因为考虑到自己本科也是在贸大上学，四年的本科生活让她比其他的同学更熟悉学校的工作流程和相关制度，所以她希望能给同学带来更强的归属感，也让自己的组织管理能力得以锻炼。尽管需要班长处理的事情有时比较琐碎，需要整理的信息也很多，但是班长作为老师与同学们的纽带，上传下达的媒介作用很重要，这对于自己的耐心和统筹能力都有所裨益，对之后求职也会起到重要作用。

柱筋定位

陋屋与良宅，尽管于雕饰方面有别，但柱筋才见真本事。王薇说：“无论是本科生还是研究生，学习成绩是很重要的，好的成绩会成为我们之后任何一步的敲门砖。”所以她从未放松自己对于学习的要求，本科期间 GPA3.5，学院排名前百分之三十；研究生期间 GPA3.93，专业排名第一。“自律，出众；不自律，出局”是她一直奉行的格言。有贸大提供的良好的学习环境，有对同学们无微不至地关怀的导员，也有给予严谨的专业指导的老师，王薇没有辜负身边得天独厚的条件，而是为自己构筑了牢固的知识体系。即使走出校门，她也不会有丝毫松懈，作为一名即将从贸大毕业的专业硕士，王薇认为自己应该具有够硬的专业技能以及丰富的实践经验，需要学习的地方

很多，她还会继续。

正是认真严谨的态度和扎实的知识功底支撑起了她的梦想之厦，使它可以稳如泰山地屹立风雨之中、骄阳之下。“花亘四时，月一披秀，寒暑不改，似固常守”，无论走到哪里，瘠地沃土，墙角河边，她都找得到自己的定位和重心，正像一朵应时吐蕊的蔷薇，气定神闲地将触到的每一缕光线编织成一身耀眼的色彩。

张津剑：做个发光发热的人

记者　王　虹

张津剑，2018级公共管理学院社会保障专业研究生。在校期间曾获一等学业奖学金和校级新生奖学金，主持两项校级科研立项并顺利结项，以第二作者身份在CSSCI来源期刊《管理现代化》上发表专业论文。曾担任2018级研究生班班长，对待工作始终兢兢业业、认真完成，协助老师在五四青年节组织观看习近平总书记在纪念五四运动100周年大会上的重要讲话，并参与学院“纪念五四运动100周年”主题学习活动，积极为同学们提供展示自己的舞台。毕业后将入职中国国际医药卫生有限公司总部。

大道之行，天下为公

“大道之行也，天下为公。”一人立身于天地所需之地尚不及一树，一心若要照拂他人却容得下万民，或许一棵树的树冠可供10人纳凉，但一个人的心胸可以令一世获益。正所谓“志之所趋，无远弗届”，我们无法算清一个有志之士的外延。

社会保障不是一个像互联网一样引领社会前沿的专业，也不是一个像金融一样在资本社会备受青睐的专业，它更像是一个社会的大后方，支持着向前行走的人。多数时间我们往前看，但在真正需要的时候回头一看，它还在那里，就会令人安心。张津剑就是选择了加入这个庞大工程的一员：“现代社会本身就是人类文明的结晶之一，而这其中社会保障系统就是现代社会的重要标志。在保证做大社会总蛋糕的同时分配好蛋糕，由社会共同分担个体的不幸、防止贫穷的代际传播、促进女性平等就业等都是社会保障学的研究内容，虽然社会保障系统并不是解决社会分配问题的唯一方法，但却是现代社会必不可少的一环。”他说希望自己能够为实现“天下大同”的理想贡献一

点力量。当我们爬得越来越高，看得越来越远时，不要忘记一直有人在为这个社会托着底。

张津剑一直都是一个渴望发光发热，为社会做贡献的人，就像一簇跳动的火苗，在他周围的人最先感受到了温暖和光亮，接着一圈一圈晕染开来，能量波会传向四方。张津剑在校期间担任 2018 级研究生班的班长，而这个职位就成为他帮助别人的中心点，也是他锻炼自我能力和提高自身精神境界的根据点。张津剑认为学生干部的职责不仅是协助老师完成相关任务，更是学校推进工作的基层抓手，起着至关重要的上传下达的桥梁作用。他在向下布置任务的过程中不会只是把工作裁剪分发下去，而是主动担责以减少不必要的重复工作，同时确保核心工作保质保量完成。他会组织各种班级活动，如春游、聚餐和学术沙龙，增强班级凝聚力，也会经常与大家分享信息，拓宽同学们的信息搜集渠道。

沉潜往复，从容含玩

“国之大事浩浩汤汤，然而历史长河中的每一朵浪花都是由平凡的人构成的。”张津剑说习近平总书记在纪念五四运动 100 周年大会上的讲话和同学们高涨的参与热情让他深切地感受到青年朋辈的优秀和传承五四精神的必要，也让他意识到自己还有充裕的成长空间，所以他会更加勤奋努力地学习。谈到在 CSSCI 上发表论文的过程时，张津剑说那篇论文是脱胎于他的毕业论文，但是公开发表论文和本科毕业论文之间的差别很大，让他收获最大的是在老师的指导下反复打磨论文时学到的那种细致严谨的工匠精神。导师说过的一句话尤其令他印象深刻：“研究的英文是‘research’，核心是前缀‘re’，不厌其烦、反复打磨、进益求精是科研的基本和精髓。”

在学习社会保障知识的过程中，张津剑体会到定量研究工具在社会科学中的应用是极为重要的，它是很多社会学科的发展趋势也是学习工程中的难点。但是由于本科期间没有接触过计量类的课程，所以他在接触之初感觉很困难，甚至听不懂相关术语。在导师的建议下他选择旁听计量类相关课程，一开始是旁听研究生的计量经济学，但是发现由于该课程的授课对象均有一定基础，老师教学进度比较快，所以难以跟上节奏，后来他又选择旁听专业课，这才渐入佳境。张津剑认为贸大课堂的开放性给同学们选课提供了很大的自由，所以他建议学弟学妹们可以根据自身情况旁听一些课程。所谓“功不唐捐，玉汝于成”，张津剑相信他走过的每一步都不会白费，他投入而痴迷地学习着眼前的知识，让它们一点一点地化为滋润生命的养分。

明于察己，敏于观世

当我们在寻找自身定位的时候，不能只盯着自己，也不能只盯着社会，只有既明白自己的优势又看得到别人的需求，才可以最大限度地实现自身的价值。“国药国际是国药集团的海外业务平台，是中国医药卫生产业走出去的国家队和先锋队，同时也是国家提供对外医疗卫生援助的平台和窗口。由于关系到千万人的健康和生命，中国医药走出去也是让世界人民共享中国发展成果的重要途径。”张津剑提到疫情期间国药人的坚守和付出更让他下定决心加入这个行业，以便帮助到更多的人。在本科期间，张津剑积极参与学生工作，从基础学部学生会主席、学生会办公室主任、团总支第一支部书记、管理学院辩论队队长到管理学院劳动与社会保障班团支部书记，一路走来，他在服务集体的过程中明晰了自己的价值，尽管他提到“学生工作事无巨细而且有时候会遇到很多的不理解和阻力”，但是他会不断调整自己的认识，优化工作方式，“当一些繁复的工作最后被顺利执行、活动圆满举办，那种自豪感和成就感会让自己觉得所有付出都是值得的。”张津剑认为担任学生干部的经历对他性格和能力的塑造是全面的，首先是协调和沟通过程中对多方视角的理解，其次是组织能力和计划能力的锻炼，这些都使他受益匪浅。

在贸大学习的这几年，张津剑说贸大的务实和创新给他留下了极为深刻的印象。他欣赏贸大人不弄虚造假也不浮夸冒进的学习态度，也非常感谢贸大教会他自由开拓的创新精神，“贸大的务实不是故步自封、因循守旧，贸大的创新也不是没有根基、虚浮无力，”他庆幸自己在“博学、诚信、求索、笃行”八个大字的指导下度过了自己充实的研究生生活，也庆幸自己在务实与创新的学风中得到了熏陶感染。在总结自己的学习经历后，张津剑感叹象牙塔中学习的时光如白驹过隙，往日虽不可追但可忆，或书桌前，或草坪上，甚至餐厅里，每一帧鲜活的图景都是他人生之旅中精彩的组成部分，都是他在朝阳前的激励，晚霞下的余味。张津剑希望学弟学妹们都能够珍惜在惠园学习的时光，多一分努力也就多一份甜蜜，“只有足够深厚的积淀才能让你在跃入‘人海’沉浮的时候多一些心安和自信”。

珊娜：做自己人生的导游

记者　李泽辰

珊娜，国际关系学院硕士研究生。本科就读于贸大国际关系学院经济外交专业，后保研至我校国际关系学院攻读硕士学位。曾赴新加坡国立大学访学，曾于工商银行总行国际业务部以及中国信保等单位实习，现已被中国出口信用保险公司录取，将从事我国外贸企业信用担保方面的工作。

做自己的导游

歌德说过："我们的生活就像是旅行，思想是导游，而没有导游，一切都会停止，目标会丧失，力量也会化为乌有。"对珊娜而言，她自己就是自己的导游。

初入大学的她，面对着开放多元的校园以及国关专业晦涩难懂的知识体系，陷入了困境，成绩不甚理想，也不知道自己未来的路径。就在这时，她的舍友改变了她，面对同样的知识，她的舍友每天阅读相关著作，丰富自己的专业知识水平，甚至可以做到对相关概念脱口而出，对此她很是羡慕。就在这样积极的气氛的影响下，她慢慢向优秀的人靠拢，逐渐找到了自己的方向。这段经历在她看来十分重要，因为她在这个过程中意识到了自己迷惑的解决方式：自己要首先清楚自己想要成为什么样的人，并对此不断地进行探索钻研，确定自己的方向。在她心目中，能够把事情一望到底是比较无趣的，而探索的过程才是最奇妙的。探索的魅力可能短时间内不会体现出来，但如果坚持下去，就一定能有所体会。

在读了研究生之后，她的认识又有了进一步的加深。在她的学习过程中，她发现本科的学习实际上是基础性的，只是停留在事物表面的浅层研究，而到了研究生阶段更像是在探索世界的真理。在不断的学术探索中，她逐渐意识到："国关专业不是爱国情怀，不是随便对世界形势的指手画脚，也不是单纯地考虑国家间的战争，更不是我们茶余饭后的谈资，而是一个庞大世界观支撑下的方法论。"国关专业更多的是让人学会对于世界规律的探索，让人学会冷静、中立、客观地看待问题，它可以唤醒我们心中的天平，让我们可以在生活、学习、工作中更加理性。

在采访的过程中，珊娜一直跟记者强调读研的重要性，当然，这也和她在生活和工作中的一点点摸索有关系。她认为，无论是在求职还是生活中，本科学历都不能支持一个人在社会上立足。比如，她就职的单位在发布招聘时要求学历本科以上，但最终的录取人选却全部都是研究生。可能以学历来衡量一个人的能力是过于偏颇的。所以学历不是能力的证明，它更像是你人生道路上的敲门砖。

另一个珊娜在探索过程中发现的很重要的事情，就是个人的写作能力。在工商银行实习的过程中，她写的尽职调查报告使她从一同实习的人中脱颖而出，得到了领导的认可，让她顺利完成了自己的实习。她认为，写作看似很简单，虽然不是什么技术性的工作，但实际上写作能力的培养是对个人逻辑、总结能力、思维能力的培养，也是上述能力的重要体现。为了锻炼自己的能力，她选择参加学校有关脱贫的调研活动，并由她来撰写调研报告，最终她带领的团队获得全校一等奖。而对于写作能力不强的同学，她给出的建议是："多读书的同时要在写的时候敢于下笔，立刻下笔，不要停留，写完之后多和老师沟通，吸取老师的建议，对自己写的东西做反复修改，最后记得坚持下去，日积月累才能修成正果。"

除了对自己已知的世界进行深入的探索，她也积极去了解自己从未接触过的领域。无论是她参加的关于国家脱贫的调研活动还是在青海的支教活动，都让她看到了世界的另一面。当初在青海海晏地区支教时，她发现有很多学生其实是和我们一样的，想去了解外面的世界，但是因为自然条件、经济水平的限制亦或学生父母的思想的局限，很多人终其一生也不能实现这个目标，她感觉心痛和惋惜。有了这次经历，她也认识到："其实还有很多事情需要我们青年人去做。"她也经常号召身边的朋友和同学支教，贡献自己的一份力量，这无论是对那些学生还是对自己，都是一个了解新世界的机会。

回顾这几年的大学生活，无论是本科阶段还是研究生阶段，珊娜对学院和学院老师的感谢都是由衷的。采访中，每提到国际关系学院，她语气中时刻透露着自己的感谢。

实际上在她的认知之中，国关老师传授她的不只是专业的知识，还有做人的准则和模式，重塑了她的世界观和价值观。国关学子遍布各个行业，但每个人都记得院长说的家国情怀。现在就职的单位是国企，她觉得自己肩负保护国家利益的使命，这件事是值得骄傲且自豪的。

愿惠园流年可忆，未来前路可期。

汪慧涛：人生需要一张蓝图

记者 刘 颖

汪慧涛，全球价值链研究院2018级研究生，在研一就选定了金融业的就业方向，并在研一期间和暑假在券商和一家公募基金的宏观研究部门实习，在秋招开始前拿到了安永和宁波银行总行的offer，最终选择了宁波银行。

时光荏苒，转眼就迎来了与惠园的告别，尽管只有短暂的两年，汪慧涛也把握住每一个机会，脚踏实地丰富着他在全球价值链研究院的就读经历。在充满选择的道路上，他用坚定的目标和清晰的规划，一步步描摹出自己理想的未来。

着眼热点，踏足新领域

面对机会，选择的权利大多会落在有准备的人手中。对外经贸大学全球价值链研究院从 2018 年开始招收第一届研究生，汪慧涛则是其中的一员。从本科阶段就关注着国际贸易研究热点，并且一直对金融感兴趣的他，在导师的推荐下毅然选择了这个专业。

新领域需要新视角。全球价值链是一个新型的研究领域，他认为想要学好这门专业不仅要扎实传统理论基础，还要学习这个专业的特殊研究方向，综合运用多学科的视角。谈论起学习当中遇到的困难，令汪慧涛印象最为深刻的是高级宏观经济学，其理论之多、难度太大都成为他学习这门课程时的难题。虽然学习的过程不会总是一帆风顺，但他在遇到每个难题时都不断反思。他的方法是认真地预习，尤其是这一门架构在复杂理论之上的课程，提前思考如何解决问题，这样在课堂上对问题的解决方式才会有更加清晰的认识。

努力践行，探索未知前路

每个人都可以有各种各样的梦想，但梦想的归宿绝不能只是空想。“纸上得来终觉浅，绝知此事要躬行”，实践也是汪慧涛学习路途中的重要一环。

在券商和公募基金宏观研究部门的实习经历，让汪慧涛更加了解自己的专业。在将所学知识进行深入研究、实际运用的过程中，他不断提升着自身的专业能力，同时也更加明确了前进的方向。“很难把握”“很难真正做出很好的成就”是他在做宏观研究时的感受。面对一条不好走的道路，并不意味着要就此止步，汪慧涛选择了另辟蹊径，先从更微观的角度出发，在工作中践行自己在课本中学到的知识。

而对于实习的选择，汪慧涛也有自己的想法。他认为，如果自己已经确立了明确的目标，那么实习的重心应该放在积攒经验上，为这一方面的履历添彩；如果对自己的未来还不够确定，广泛地参与实习是最好的跳板，这样可以让自己在充分了解行业后，再做出一个合适的选择。虽然在实习中通常会遇到低效率的重复劳动，但他也觉得不能放过每一个学习的机会。不局限于所做的工作，积极与他人进行交流，从而在他人的讲述中汲取更多，这是他在实习中总结的经验。

脚踏实地，做未来的规划者

生活需要一个明确的蓝图，才看得清前进的姿态。

在研一期间汪慧涛就选定了金融的就业方向，他很清楚时间的紧迫性，所以决定在保证学业的同时积累实习经验。研一上学期他静下心来主攻专业知识，研一下学期就开始挪出时间安排实习。“尽早准备”“早做规划”，他觉得在这段短暂而又珍贵的两年里不仅要有合理的规划，也要懂得权衡，保持清醒的认识。他的经验是，无论如何首先要保证学业，完成好论文，其次再考虑一份实习是否真的值得坚持下去，而不能一味地热衷实习，多沟通多思考是尤为重要的。

今年的疫情对毕业生的就业冲击很大，汪慧涛则在很早的时候就开始了准备。查看招聘信息，参与线下群面模拟、互相评价，他提前对面试模式形成了清晰的认识，同时也在这一过程中发现了自己的不足之处，找到了应该努力的方向。机遇从不会辜负做好充分准备的人，他在秋招前就拿到了安永和宁波银行总行的 offer，最终选择了前往宁波银行工作。

惠园拾忆，未来可期

回忆起在惠园生活的两年，汪慧涛收获颇丰。全新的理论知识、前沿的研究方法为他的学术道路铺垫基石，丰富的实习经历让他前行的步伐愈加坚定，一路相伴的良师益友更是他回忆中最温暖的一部分。汪慧涛回忆起和研究院的老师一起打羽毛球的时光，师生感情在那时悄然升温。他想起与他相伴的朋友们，有的在学术方面有坚持不懈的追求，有的在就业的大环境中能够出类拔萃，优秀的同伴们给予他很多精神上的鼓舞。每个人在实现目标的过程中都会遇到大大小小的挫折，幸运的是汪慧涛遇到困难时能在导师和朋友的帮助下泰然处之。令他印象最为深刻的一次经历是在地铁上接到了进出口银行通知面试的电话。当时还在杭州的他，既没有带西装，也没有证明和推荐表，突如其来的通知电话让他有些手足无措。最终，室友寄给了他相关资料，导师也支持他并帮助他协调了课程。困难能够迎刃而解，不仅因为他遇事冷静，也在于他凡事都愿意与人沟通协调，得到了老师朋友们的帮助。

今年，迫于疫情形势，大学生们难以返校，此时汪慧涛最大的愿望就是再看一看生活了两年的惠园，认真地与惠园道别，开始新的征程。对于未来，他更希望自己能不辜负贸大的培养，在行业里立足，稳定发展。

谢玉茜：脚下的路通往心中的远方

记者　黄海峰

谢玉茜，外语学院朝鲜语口译专业2018级研究生。2018年保研至贸大，获研究生学业二等奖学金，拥有在新浪微博人力资源部以及京东的实习经历。在秋招中获得北京现代、中信证券、青岛港集团、青岛事业单位等多个机构的offer。

如果说每个人都有一条属于自己的路，那么选定目标，就从一而终，就是属于谢玉茜的路。

坚守初心，逐梦惠园

本科阶段在山东大学就读的谢玉茜，因为成绩优秀，获得了通往贸大的保研资格，成了一名惠园学子。出入于虹远内外，徜徉于惠中大道，美丽和忙碌，是贸大留给当时的她最初的印象。

初次的遇见，也许是浪漫而美好的，但困难的到来，却是突然而始料未及的。在贸大的第一节同声传译课上，她便被老师要求进行同传实操。由于缺乏心理上的准备，加之情绪紧张所带来的负面影响，她最终没能发挥出自己的水平。同声传译是口译专业的一项必备技能，一向热爱口译的她，因这次略显糟糕的尝试倍受打击，甚至一度怀疑自己所选的专业方向是否正确。

这样的困难对于谢玉茜来说固然可怕，但正是了解到贸大的教学标准对实操能力要求很高，当年的她才在诸多保研院校里选择了贸大。实际上，惠园的种子，早已在她的内心深处生根发芽。从本科开始即主修朝鲜语专业的她，最终在北外、上外和贸大之间选择了后者。对于贸大“在同传箱里上课”这种教学方式她也早有耳闻，而正是这种重实践、重能力的“贸大式”教学风格，使她将贸大作为自己追梦路上的一座驿站。

她的梦，就是回到家乡，将习得的语言本领学以致用。而心态紧张是口译专业学生们必须跨过的一道坎，她为此也付出了很多。她曾仔细观察过许多教授，模仿他们的样子，强化自己在翻译时的“气场”；她总结出“翻译的感觉应该是坚定的、权威的，而不能是模棱两可、摇摆不定”的规律，强迫自己按照这个要求去适应环境；她在一次又一次的作业和练习中寻找自信，努力克服紧张所带来的影响……而这一切的默默坚持，她也只是用一句“就是一个慢慢适应的过程”来作结，亦如她习琴十几年，每一步都走得稳重而踏实，最后指尖掠过琴键，便是一曲惊鸿之声。

走出校园　收获经验

在校园之外的实习单位，沉稳的性格仍是她拥有的一笔独特的财富。在新浪微博人力资源部实习时，她曾被认为“对人力资源知识一窍不通”。对此，没有多余的辩解，她用一周的时间，就学完了人力资源模块的基础知识。同时，她又随她的主管领导组织招聘面试，从筛选简历，与受聘者沟通，到进行面试，办理入职手续，一整套招聘流程，她也逐渐掌握下来。虽然只是一名在校学生，但只要她开始工作，没有人能够看出她和其他员工的区别。

即便如此，她仍然认为自己还能做得更好。怀着一种主动学习的心态，她常常向身边的同事请教问题，遇到比较复杂的情况，她也会跟在她的主管领导身后一一询问，直到问题解决。对于如何做好自己的工作，她也有着更为积极的答案："不能只满足于完成任务。多写一份总结书，或是给你的主管领导提交一份建议汇报书，这些都是需要我们额外做的事情，并没有人要求你这样做。"

在接近一个小时的采访中，谢玉茜始终保持着温和而平静的语气。她说在贸大，自己最喜欢的地方就是情人坡旁的眼镜湖，那些在湖边自由玩耍的小动物，以及随意栽种的观赏植物都给她留下了很深的印象。校园景观象征着校园文化，贸大，在她心目中就是一个自由且随和的学校。学生们不会受到太多的限制，丰富的课余时间保证了学生拥有充分的行动自由。不同的人生总有不同的规划，学生们依托贸大的各种资源，只要有想做的事情、想实现的目标，在这里都可以得到成全。

其实，她自己就是一个随和但不随性的人。在平常的学习工作中，她也许会遇到许多障碍，这时她就会停下来，默默地、耐心地将其疏通清理，直至顺利完成。而现在，通往远方的路已接近走完，但远方之外仍有远方，走出惠园，她面对的便是更广阔的世界。

千里之行，始于足下，志存高远、脚踏实地的贸大人，也将在青春的浪潮中书写属于胜利的辉煌。

杨佩金：奋斗是青春最亮的底色

记者　孙嘉璇

杨佩金，国际商学院 2018 级 MPAcc 硕士研究生。研究生期间曾多次在大型券商研究所实习，独立撰写多份公司分析报告，数据分析能力突出，在求职季以优秀的面试表现加入华为财经，毕业后将入职华为技术有限公司。

努力具有“惯性”，而非一时热血

本研七年间的不断积累，成就了杨佩金高、精、尖的专业功底和实力态度。在校期间，杨佩金参与了华泰证券房地产组多项研究调查报告项目。正是这些严苛而具有十足挑战性的工作实习经历锻就了他对于数字的敏感性以及自己逐步破土萌芽的独特的分析与感悟。长期水滴石穿式的积累成就了他在数据分析以及撰写报告上面的独特“天分”，从对某一个东西有宏观的了解，到知晓行业的分析框架，最后根据具体数据对整个行业进行自主分析。他在这条路上的每一步，都走得无比踏实而坚定。

每一程风雨都是成长

理论归结于实践，走过的路最终会为自己的规划和选择给出答案。在本应娱乐的时间里，他在实习和书本中不断发现自己，与自己对话，弥补弱项并积极吸取前人的宝贵经验，在四大审计事务所和券商公司的学习也使他得到了资本市场的认可。在华泰公司实习之时，他第一次真正接触资本市场，高标准的工作要求他迅速成长，同时这份经历也使他接触到众多清北学子，精良出色的平台以及优秀的同事伙伴更激发了他的竞争意识和向上的决心。

以其在撰写报告这项事业上的经历而言，他坦言，一份好的报告不仅需要平日的积累，更需要数据的加持以及强大的逻辑思维能力去支撑。从最开始的懵懂，到不断融入优秀群体请教经验，同时耐得住寂寞无数次地进行数据的搜集、整理与分析，发掘数据背后更深层次的东西，这一切的共同合力，成就了他极为突出的报告撰写能力。在实战中，他曾作为地产组助理研究员参与撰写华夏幸福、华发股份两家房地产上市公司的深度研究报告，参与撰写华夏、万科上市公司调研等多项专业报告，独立搭建估值模型并完成华夏幸福等 33 家公司的估值……跬步之量变最终汇聚为千里之质变，从无数次锤炼中走出的他，独立撰写报告的数量和质量之优，已经使他成为同龄人之中的佼佼者。这一切，都离不开他的积极思考与感悟及强大数据磨砺下的敏感性，离不开专业课优异成绩的保持和专业技能的练就，更离不开对其磨砺至深的实习经历以及对自己人生的清晰规划。

采访中，讲到使他印象最为深刻的撰写经历时，他谈到了《房地产对宏观经济的影响研究》这份报告。面对自己不太熟悉的金融学知识的理解，他没有因知识储备不足而因此退却，反而另辟蹊径，从另一个角度看待地产行业，开辟了前所未有的研究思路。而最终，他不仅获得了报告撰写能力的质的飞跃，还收获了难忘的回忆，“那些与战友并肩奋斗的日夜，一步一步走过来的经历与认知对个人产生的潜移默化的影响便是最大的收获，会在记忆里永久珍藏。”

“搏一搏，单车变摩托”

善于坚持的人，某种程度上也是一个“固执”的人。对于从事会计学专业的杨佩金来说，拿到华为财经的 offer 无疑是对他多年坚持的肯定和回报。作为行业巨头的华为，是无数数据分析领域毕业生的情怀与梦想所在，但其录用新人的严苛程度也不言而喻。面试华为对他来说是“拼一把勇气”的挑战，他勇敢地跳出自己的舒适圈，用

近乎“固执”的坚持去与清北等校的强大对手同台竞争，努力把不可能变成可能。“勇敢无畏”的他，放弃了国企 offer 能够带来的安逸生活，选择与华为人并肩为国家的腾飞而奋斗，这也恰恰吻合了华为的企业精神。最终，华为成了他圆梦的舞台。

“在非洲的每一个清晨，为了生存，无论你是羚羊还是狮子，在太阳升起的时候，你最好已经在奔跑。”这是美国著名记者麦克杜格尔对于生命这场盛大“战役”的诠释，笔者认为用来形容杨佩金再合适不过：他一直在奔跑，从不会因为贪恋一时的风景而放慢脚步，他诠释的“奋斗”二字，便是他的青春最亮丽的底色。回首来时路的他，可以笑着对岁月说：不负时光，亦不负自己。

张少桢：把热爱写进青春的每一章

记者 刘 颖

张少桢，国际经济贸易学院税务专业2018级硕士研究生，本科阶段就读国际经济贸易学院税务专业国际税收方向，修读会计双学位，曾获研究生一等学业奖学金、年度综合奖学金、2019年华为财务精英挑战赛个人优胜奖；曾在中债资信评估有限责任公司、普华永道中天会计师事务所、长江商学院、源码资本实习；曾获经贸团学联优秀部长、2015年北京国际田联世界田径锦标赛优秀志愿者、2017年首都大学生朗读大赛一等奖、2014年对外经济贸易大学校园金话筒主持人大赛冠军，大学四年主持了数十场市级、校级的重要活动。毕业后就职于中国建筑集团旗下的中海地产北京公司。

兴之所使，持之以恒

小学五年级的时候，张少桢因为一个偶然的机会报名参加了山东省金话筒主持人大赛，并获得了金奖，这是她初次发现自己在主持方面的天分，也是从那时起她开始对主持产生兴趣。高中的时候，她曾有过参加艺考的想法，可她觉得自己不仅要有兴趣爱好，更需要兴趣之外的一技之长，于是她放弃了艺术专业的道路，转战高校艺术特长生的招考。她想继续坚持自己的主持爱好，同时探索更广阔的未来。从大连、杭州到北京，虽然一路上少不了困难艰辛，但最终拿到贸大录取通知的她得到了自己满意的结果。

以特长生身份入校，她坦言一开始自己的成绩不是很好，对学习和未来的就业也没有清晰的规划，而身边很多优秀的朋友都有各自明确的目标和想法，都在为自己的追求而努力奋斗。于是，她开始探寻自己的内心，挖掘自己到底想要什么，在不断地尝试、试错后，她发现自己对财税专业有着浓厚的兴趣，就抱着愈加坚定的信念开始钻研学业、提升自己。“兴趣是一个人做这件事情的原动力，而长久地坚持下去需要付出更多的努力。”张少桢认为兴趣只是她做一件事情的起点，而之后为这份热爱所付出的努力才更为重要。

由于财税专业本身就需要良好的会计功底，于是她又修读了会计的双学位。张少桢一方面感觉到双学位的学习有很大的挑战性，需要有更多的毅力，另一方面她也对双学位有清楚的认知，修读双学位是为了辅助本专业的学习，她认为需要在本专业和双学位二者之间做好平衡。到了大三、大四的关键时刻，张少桢觉得自己无法游刃有余地调整时间和精力，为了能继续学习自己喜爱的财税专业，她暂且放下了不必要的社交，一心专注于学业、准备考研。读研期间，她很明确自己想要从事财税相关的工作，为了实现这一目标，她心无旁骛地学习，认真选择含金量高且有利于形成认知体系的实习，一步步为职业规划增添履历。

成长拾忆，此间美好

2015 年的暑假，张少桢已经回到了老家，但看到北京国际田联世界田径锦标赛的志愿招募通知后，为了把握住这个机会，她又赶往北京参加笔试、面试，最终从数百人中脱颖而出，获得了大赛志愿资格。八月正值炎炎酷暑，张少桢每日在志愿岗位的时间超过十小时，检票、指引观众、处理突发事件，虽然一天的工作很累，但她也收获满满。从前只是去鸟巢参观、看演唱会，而这次却是以志愿者的身份在这里工作，这段经历带给她很多不一样的感受，也留下了许多的美好记忆。

出于对文艺的喜爱，大一的时候，张少桢毫不犹豫地加入了经贸院文艺部。她觉得文艺部就像一个大家庭，她在这里结识了最要好的朋友，也留下了很多校园生活中的美好回忆。从发一封招募启示，到组织人员、人员筛选及最后的舞台呈现，她和文艺部的伙伴们一起熬夜，为了共同

的目标而努力，她觉得一次次的付出就像一个个令人印象深刻的小故事。追求团体荣誉是一方面，张少桢认为在这些过程中更重要的是她所收获的友谊和对自身能力的培养。

大二任职文艺部副部长后，张少桢组织同学参与了很多比赛并获得了优异的成绩，也领导干事成功举办了多项校级活动。在做学生工作时，她始终对干事有着足够的信任和充分的体谅。她认为自己作为一个相对的领导者，不该事无巨细地亲力亲为，而要对干事更加信任，让他们没有顾虑地去做每一件事情，即便是出现问题，她也会充分体谅并帮助他们弥补。她也会想起，之前自己的部长在每次演出时会提供给演员一顿饭菜，她觉得做这份学生工作更像是一届届的传承，自己担任了这个职位，就需要传承这份真诚和体谅，学会换位思考，才能收获圆满的结果。

初心未改，热爱依旧

毕业后，张少桢就职于中国建筑集团旗下的中海地产北京公司，从事她所喜爱的财税工作。“在年轻的时候有冲劲、能吃苦”是她对自己的期待，为了能够在专业上有更深的造诣，她希望能逼自己一把，不断提升自己的能力。所以在选择就业时，张少桢更看重公司提供给她的学习平台和发展前景，在形形色色管培生的培养下，她始终怀着对学习的热忱，并在这个过程中不断收获，她希望自己能够踏踏实实地做好这份工作，将所学运用其中。她放弃更舒适的生活而去选择忙碌和劳累，是因为她真切地希望在专业方面自己能做得更好，始终保持对这份工作的热爱，坚持下去迎接更美好的未来。

热爱工作的同时，也要享受生活。“工作不是生活的全部，兴趣爱好是我的一个避风港。”当谈起自己的兴趣

爱好时，她坚定地说自己当然会继续坚持下去，工作之余每个人都有放松自己的方式，而做与爱好相关的事情就是她放松的方式，当别人有需要时，她愿意用自己所擅长的兴趣爱好做些力所能及的事情。

回忆在贸大度过的六年时光，张少桢觉得自己总是会比优秀的同伴慢半拍，慢半拍知道自己想要什么，慢半拍发现自己与别人的差距，而惠园给予了她足够的耐心和包容，让她有充分的时间和空间去长大，接纳她一次次地试错，让她在自由开放的环境中慢慢成长为一个更好的人。在她成长故事的每个篇章里，热爱是不变的主题，而坚持和努力让她的热爱充满力量，即便是在更广阔的未来也能发光发热。

郑隐桐：与世界交手　与自我和解

记者　王　淇

郑隐桐，马克思主义学院科学社会主义与国际共产主义运动专业研究生。马克思主义学院2018级班长，研马班优秀宣讲员。国家奖学金、国家留基委奖学金、对外经济贸易大学研究生立德奖学金、学业一等奖学金获得者，北京市“三好”学生，北京市优秀毕业生。曾公派赴联合国工业发展组织总部实习，并在联合国开源期刊发表论文；协调参与举办2019年维也纳联合国中文日等活动。毕业后入职中国出口信用保险公司，保障“一带一路”建设，支持国家“走出去”战略。

郑隐桐在对外经济贸易大学“青春告白祖国”报告会上

勤读勤思　与理论过招

由于本研专业的不一致，入学之初，郑隐桐的专业基础较为薄弱，在课堂上听到老师引经据典，讲述“马言马语”（马克思主义理论）时，常常会觉得头疼，要在众多的理论著作中找到老师所讲授的知识，并将所学融会贯通，不是一件容易的事情。为此，郑隐桐要补学很多经典原著和学科理论。为了鞭策学生多读书，提高理论知识水平，开学初期，学院为每位同学都购置了一套马克思主义经典作品。当时学院老师说的一句话让郑隐桐记忆深刻：“工科学生的实验室是在建在外部世界的，对于人文社科类的学生来说，也要建立自己的思想实验室，不能停止思考。”

从《共产党宣言》到《习近平谈治国理政》，郑隐桐一部一部地“啃”下去，在经典中浸润自己，与理论知识“过招”，同时也慢慢建立起了自己的思想实验室。经过一学年的努力，他终于补足学业短板，能够在课堂上和老师同频共振，并以学业、综测第一的成绩获得国家奖学金。两年的专业学习能获得如此荣誉，郑隐桐并不满足，依然觉得自己还存在很多的不足。相较于学院老师在这个领域日复一日地精耕细作，他自嘲只学到了马克思主义这套体系的一点皮毛。

当郑隐桐真正地走进学科体系中去了解时，他才跳出以往大众的认知误区，发现这其实是一门综合学科，涉及社会学、政治学、文学和哲学等多个领域的知识，在学习过程中能极大地锻炼和提高自己的思维能力，同时也有重要的实践意义。郑隐桐说：“我常常有一种感觉，我现在所做的一切事情都是在所学的马克思主义专业知识基础上做出的实践，这些知识对我有一种导向和指引作用。”

重在实践　与世界交手

作为马克思主义专业的学生，郑隐桐特别注重将理论与实践相结合。

他积极投身志愿活动，曾公派赴联合国工业发展组织总部实习。在联合国实习期间，郑隐桐积极参与志愿活动，组织和协调由中国驻联合国代表团主办的2019年联合国中文日活动、国家民委主办的各项活动和扶贫成果展览等。在举办这些活动的过程中，郑隐桐通过亲身讲述中国故事、传播中国文化，更加深刻地感受到了自己身为中国人的骄傲和自豪。另外，在工作之余，郑隐桐还游历了众多东欧国家，实地调研这些国家的社会主义发展历程，时时不忘将理论知识与现实世界相连接。

郑隐桐在布拉格共产主义博物馆

他心系基层，曾前往贫困地区进行调研宣讲，将十九大报告中的先进理论和最新思想带入基层，被评为研马班宣讲团优秀宣讲员。研工部每年都会举行研究生寒假调研活动，鼓励学生利用自己的所学服务社会。作为马克思主义专业的学生，郑隐桐和他的同伴们将关注重点放在了扶贫上。他谈起这段经历时说："关注扶贫，就要去关注扶贫的起点。中国精准扶贫的故事起点是"三西扶贫"（三西指甘肃河西地区、定西地区和宁夏的西海固地区），这曾是中国最为贫瘠的地区，而我的家乡就在定西。"这次带着朋友们回到家乡进行调研，他看到了家乡的新面貌。拿定西的支柱性产业马铃薯产业来说，该产业在郑隐桐的记忆中一直是粗放经营，但在实际调研中他发现，这些年仅这一项产业就发生了极大的变化，从粗放的种植模式转为上下游产业链打通的集约化发展模式，建立了从种植到深加工再到出口的完整产业链，成为当地产业振兴的重要推动力，同时当地的马铃薯种植企业还将技术经验转化为可复制的模板推广到其他国家和地区。这是完全在他的意料之外的，郑隐桐惊讶于家乡的发展，也认识到了自己的认知与现实的脱节，他感慨道："我的家乡只是中国扶贫发展的一个缩影，由此可见，中国这些年的发展多么巨大。"

身在这样快速发展、日新月异的中国，郑隐桐奔赴家乡为基层扶贫贡献力量，前往联合国传播中国文化，他始终心系大家，尽己所能为这个社会散发自己的那份光和热，努力诠释新时代中国青年人的使命与担当。

找准定位　与自我和解

但郑隐桐却并不喜欢用“家国情怀”这样的词语来形容自己，“这种精神应该是当代中国青年共有的积极向上的力量，正是这种力量让中国有了蓬勃旺盛的生命力，而我只是恰好遇到了展现自我的时机。”个人和国家的命运是紧紧联系在一起的，他认为的家国情怀，就是做好自己能做的事情。巴菲特说过：“没有人会从做空自己的祖国中获利。”郑隐桐从认清自己的国民身份出发进而认清自己，始终在问：“我能为这个国家做些什么？”在探求答案的过程中踏踏实实地向前。

在维也纳联合国万国旗下

郑隐桐一直恪守着这样的准则——认清自己的位置，圈定自己的能力范围，在自己的能力范围中去做实事。在本科到研究生的学习过程中，他努力找准自我的定位，发掘自我的长处，承认自我的不足，并尝试用长处弥补不足，而不是在不足的点上浪费过多的时间和精力。本科在经贸院学习时对经济类学科不来电，于是他发挥自己喜欢读书的长处，在研究生阶段选择攻读纯文科类专业。“天资不行，努力来凑，但有些差距确实是很难弥补的，一定要在自己专长的事上挖掘幸福感和成就感，这样的人生才不会太累。”他认识到自己在某些方面可能无论多么努力都无法追赶上别人的事实，在陷入自我怀疑时没有失掉悦纳自我的勇气，最终达成了与自我的和解。

在和解的过程中，郑隐桐也在不断地突破自我。他善于挖掘和培养自己的兴趣爱好，例如，播音、骑行、攀岩等，并希望将每一件事都做到更好。他在喜马拉雅平台成为认证主播，电台总播放量超 3 000 万；和朋友一起完成了 21 天骑行 G318 川藏线（成都—拉萨）之旅……郑隐桐坦言，西藏骑行之旅对于自己的人格有巨大的磨砺作用，在这个过程中，他锻炼了自己的忍耐力和意志力，“曾经 20 天翻过 10 座山，生活中还有什么过不去的呢？”靠着这股劲儿，郑隐桐能更加坦然地去直面生活中未知的困难。

这些爱好让郑隐桐的生活多了一些不确定性和可能性，让他能够在主线之外发展一些支线剧情。同时这样的支线，也是生活的调节剂，让他能不断地满足自己的好奇心，进而刺激自己的成长。郑隐桐在培养兴趣爱好的过程中，不断地设定有挑战性的目标来激励自己做得更好，比如骑行去西藏、立志成为能赚钱的主播等。说起兴趣爱好让自己成长，他还举了个例子：“几年前我肯定也想不到，秋招面试一家国企的时候一个面试官因为恰好听过我的电台，后来就给了我 offer。”

在贸大的这些年里，郑隐桐始终对自己有较为清楚的定位，他在剖析自我的过程中，达成与自我的和解，在认清自我的基础上努力实现自我的突破。

你当像鸟　飞往你的山

低年级的同学常常在遇到选择时陷入纠结和恐惧的情绪之中，甚至落入自我否定的境地。郑隐桐对此感同身受，他说到，在低年级阶段的迷茫和纠结皆可归因于对自我认知的不清晰，“我们常常纠结于过去的种种选择，导致在现实中眼高手低，从而陷入情绪低迷的状态，而消除眼高手低的办法就在于认清自己，”不必急于向外探求自己的价值，更加重要的是向内探索自己，与自我和解，找到自己的幸福感和成就感，“如果每天局限于自己的小天地里伤春悲秋，认为自己不如别人，这种狭隘的比较会让人的眼界变得短浅和粗鄙。”郑隐桐一直坚信着自己的四字法则“少想多做”，少想遇到选择时的纠结和恐惧，多做实实在在的事情，一点一点地沉淀自我，一点点地化解纠结迷茫。他始终相信“凡所过往皆为序章”，生活在冥冥之中自会为你指明方向。

作为财经类院校的学生，郑隐桐还鼓励大家用金融思维去反观自己的性格。对于财富的认知常常体现出个体对于人生的概念。“在进行资产配置时，有的人会用 60%的资产用来获得确定收益，40%用于不确定性投资，每个人的配置比例都会不同。这种配置比例往往是一个人对于自己和世界的认知的表现。”在大学里，每个人性格能力背景的配置都不一样，这时候，保持好奇心，保有成长的不确定性尤为重要，而培养自己的兴趣爱好能很大程度地弥补不足并实现自我突破。

在维也纳和最爱的乐队相遇

余世存曾说："年轻人，你的职责是平整土地，而非焦虑时光。你做三四月的事，在八九月自有答案。"郑隐桐的座右铭和微信签名"风物长宜放眼量"或许正有此意。我们都应学会"登高望远"，放大格局，放宽眼界，以自己的节奏活在当下，在与世界的频频交手中达成与自我的和解，努力飞往自己心中的那座山。

李巍：不惧试错，勇敢探索

记者　吕姝宁

李巍，外语学院2013级朝鲜语专业。2016年1月休学，与校友联合创办轻课，旗下有极光单词、潘多拉英语等知名在线教育产品，积累用户数百万。目前，公司全职200余人，兼职5 000余人，月营收4 000万人民币并盈利，2017年3月，公司获得经纬中国、腾讯双百计划3 300万A轮融资。

谈吐从容，有条不紊，在创业路上斩棘奔走过的李巍，独有一份历经打磨淬炼的锋芒。在摸索碰壁中找寻市场方向，用踏实创新树立起品牌形象，李巍和他们的轻课，走在自己开拓的未来之路上。

创业是李巍长期以来的理想。进入大学后，他多次进行创业尝试，比如，通过微信公众平台代理校园食品外卖订购业务，与校外工作室合作发行明信片进行宣传推广并取得“刷屏”式热烈反响。由此，李巍与我校校友、现轻课CEO肖逸群结识，志同道合的他们，在创意共享与项目合作中逐渐建立起稳定的创业伙伴关系。一次校友投资使得尝到甜头、初获信心的李巍顺利说服父母，毅然踏上休学创业之路。

创业之路从不会一帆风顺。从最初专注扩大用户量，到千方百计创收盈利，再到后来稳定团队并努力扩张规模，发展阶段不同，难关各异。起初，李巍及其团队陆续涉足了考研培训、求职培训、创业培训等多个领域，却屡碰钉子。投入难以变现，公司没有收入，迷茫和焦虑如阴云浓雾般将他们围困。想做出一番事业，又苦于找不到方向，他们也一度陷入自我否定的泥潭。“一周七天，每天早上十点到凌晨两点，全年无休。”校园之外的创业意味着肩上沉甸甸的责任与压力，意味着没有保险绳兜底的未知征程，意味着不能停留，只能向前。“创业公司，生存更重要。”发现线上英语教育领域用户付费意愿相对较高后，李巍及其团队迅速调整方向，适时地把握住微信红利，通过最大化用户转发的方式，博得了一块得以喘息的立足之地。随着品牌做大，真金白银的市场推广取代相对低效的“人拉人”策略占据主导，投放微博、百度、抖音、微信朋友圈广告等手段成为轻课及旗下品牌进一步扩张的推动力。获得一定利润积累后，扩张规模势在必行。人员规模过百后，管理规章、流程、题词方面的不足日益凸显，问题频发，对这支缺乏相关经验的年轻团队来说，挑战十分严峻。不安与质疑导致人才流失，公司陷入动荡期。李巍团队向其他公司求教取经、大量学习管理理论、加紧引进管理人才，多管齐下，方才挺过难关。

谈及当下的创业环境，李巍认为，创业休学政策为大学生创业提供了便利，使他得以暂时摆脱课业负担，心无旁骛地投入到创业初期的艰苦奋斗中去，如今又能在达到最高修读年限前毕业。对于有意创业的学弟学妹，他也结合自身经历提出了一些建议。“财务和法律，能学好尽量学好。”合同签订、工资发放、税收缴纳……事无巨细，处处考验着管理者的能力与素质。特别是在涉及信任问题的核心岗位上，专业知识与经验显得尤为宝贵。因此，对未来的管理者而言，校园学习是不能放过的黄金机会。如果信心不足，可以先尝试创业成本较低、生存压力小的校园内创业，毕业后去创业公司或者大型公司工作两三年，积累一定经验后再开始创业。关于创业方向选择，李巍认为试错过程是不可避免的，只有经过反复尝试，才能找到契合市场的适当切口。他最后总结道，互联网教育产业门槛不高，关键是要不断学习、不断思考，方能赶在别人前面向最前沿迈进。

“你做的这些事情，真正触动了一些人，影响了一些人，让一些人得到收获，那时候会很有成就感。从零开始创造一些东西出来，并且被人们所喜欢，你就会觉得，做这件事情是值得的。”针对目前在线教育市场存在的过度商业化问题，李巍表示，“对用户的学习效果负责”才是发展之本。目前，坐拥百万用户的极光单词团队，将继续关注产品体验及内容质量优化，“拿学习效果说话”。

锐意创新、深度探索、踏实负责，李巍及轻课团队将在移动互联网时代中的创业商海上继续劈波斩浪，驶向新辉煌。

在基层一线谱写奋斗青春
选调生王菁雯：扎根基层　放飞梦想

王菁雯，中共预备党员，英语学院英语（财经新闻）专业2016级本科生。在校期间，任校学生会副主席、体育部部长、班长、校女篮队长；获校级综合二等奖学金，获校级优秀学生干部、CUBA中国大学生篮球联赛（北京赛区）四强、“经纬杯”学生创新创业大赛二等奖等荣誉；在国庆70周年庆祝大会志愿活动中，获“团队标兵”“优秀个人”称号。2020年7月，王菁雯被录用为福建省厦门市选调生，目前在厦门市集美区灌口镇东辉村驻村工作。

去基层：跟随自己内心的方向，怀揣建设家乡的热忱

由于选调生的工作起点在基层、在农村，因此在决定考选调生之前，王菁雯进行了很长时间的思考。在城市长大的她，对于农村的村情和民情没有细致的了解，对于基层的工作和发展方向也没有具体的想法。当身边的同学都在着手做出国、考研亦或就业的准备时，她也一度陷入迷茫。也许是凭着一腔热血，也许是对于厦门的情感，也许是被前辈们毅然投身基层建设的精神打动，王菁雯最后还是决定趁着年轻，回到家乡参与乡村振兴工作，在基层发热。王菁雯认为这或许是她人生一个最“酷”的决定。“厦门是养我育我的一片热土，在学有所得之后，为家乡建设添加一块砖瓦是我的责任。”厦门作为经济特区，经济和社会发展成效显著，王菁雯想做的就是走到这座现代化城市最基层的地方，真正做点儿实事，充实自己的生活，磨炼自己的意志，实现自己的价值。正如习近平总书记所言“基层跑遍、跑深、跑透了，我们的本领就会大起来。”

在2020年7月7日，习近平总书记给中国石油大学（北京）克拉玛依校区毕业生亲切回信，肯定他们到边疆基层工作的选择，对广大高校毕业生提出殷切期望，明确指出："前进的道路从不会一帆风顺，实现中华民族伟大复兴的中国梦需要一代一代青年矢志奋斗。"王菁雯认为自己很幸运，在组织的信任下，她有机会前往东辉村驻村工作。也正是因为"生逢其时，肩负重任"，她不再是为了实现个人抱负而奋斗，而是要为更多的人去努力拼搏。正青春，她希望与身边即将踏上人生新征程的青年朋友们一道，为基层建设发光发热。

去基层：漫长的准备只为磨砺更坚强的自己

王菁雯在大三的时候开始有去基层农村驻村工作的想法，在大四上学期最终决定并着手准备参加2020年福建省党政类选调生的选拔考试。选调生选拔的一般要求是：中共党员、一年以上学生干部任职年限、获校级以上奖励，具有较强的组织协调、人际沟通和语言文字表达能力。她想起习近平总书记曾提到："干好基层工作要做到四点。一是要有兴趣、有热情……二是要有韧性、有耐力，要做好长期艰苦奋斗的准备。三是要有一点儿组织能力，这种能力主要靠后天锻炼出来。四是要有一股豁出去的干劲，不但每天花大量时间工作，而且要敢于负责，大胆创新。"

四年的校园学习生活让王菁雯收获满满，特别是三年的校学生会工作经历，包括组织举办啦啦操大赛、篮球联赛、足球联赛、国际文化节等活动，给予了她积累学生工作经验、锻炼综合能力、磨炼性格意志、养成勤思考勤总结工作习惯的宝贵机会，

也使她对工作和生活始终保持冲劲和热情，抗压能力和适应能力快速提升，再加之一定的理论学习和长期篮球训练的体能，让她在面对基层农村工作难题时，可以发挥自己的主观能动性，运用所学知识和积累的工作经验，灵活应对；在面对基层农村工作压力时，可以主动化压力为动力，以较强的意志信念、积极的心态和良好的身体素质，应对较为艰苦的生活条件和较为急切的基层农村发展问题。

去基层：以民为本建设美丽乡村，以国为先共创时代辉煌

目前，王菁雯所在的东辉村是厦门集美灌口镇最大的行政村，下辖 15 个自然村，15 个村民小组，总人口 6 889 人。该村主导产业为传统的农作物种植和新开发的园艺种植，自然资源丰富，人文历史悠久。驻村前，王菁雯便对东辉村的区位交通、区划人口、民俗民约、经济发展现状等进行了全面的了解。驻村后，她通过与村支书（主任）、村两委和前任村官等的交流，以及翻阅资料档案和实地走访，进一步了解了东辉村当前的发展情况和村情民情。了解当地实际情况是大学生到基层工作的重要一步。初到基层，要多听、多看、多学、多想，抓紧熟悉各项工作，主动解决问题。实践是一本无字之书，是给所学的理论知识一个接地气的机会。提高群众的幸福感、获得感和安全感是基层农村工作者奋斗的目标。百姓的信任依赖、增收后的喜悦、生活质量的提升是对村官工作最大的肯定。

从对东辉村一无所知，到慢慢开始知道村里有多少棵荔枝龙眼树、了解哪户的屋顶需要从平改坡、清楚台风暴雨来之前哪儿的村民要紧急转移至避灾点……这个过程中可能充满跌宕和起伏，可能夹杂着泪水和委屈，但也蕴藏着成长的力量。“不正是这样的经历才叫青春吗？”王菁雯相信，多年后的自己，会感激去东辉村这个决定。

王菁雯认为，当下，在实现东辉村乡村振兴的发展道路上，她要做的是，积极宣传党的路线方针政策和国家法律法规，深入了解村情民意，听取群众诉求；做好疫情防控工作；协助落实各项惠民政策，及时向有关部门报告并

协调解决群众反应强烈、急盼解决的问题；协助确定各类帮扶慰问资金安排方案，确保发放给最需要的村民；对照《厦门市乡村振兴试点示范实施方案》，从东辉村实际出发，探索发展壮大村集体经济的有效途径；加强农村基层治理，积极排查化解纠纷矛盾，加强精神文明建设，丰富农民群众的文化生活；推进“爱心厦门”在广大农村延伸，发动农村党员和能人加入爱心志愿活动，促进社会各方与村里的孤寡老人、失能老人、困境儿童和苦难家庭的结对帮扶工作。

王菁雯对于这个时代的感悟很深，在她看来，2020 年充满了挑战，全中国人民都在为着美好幸福的生活努力奋斗着！2020 年注定是不平凡的一年，无论是抗击疫情亦或抢险救灾，都无法阻挡青年人成长的脚步。“志不求易者成，事不避难者进”，作为青年一代，无论处于何时何地、何种岗位，都应该有理想、有本领、有担当，不畏艰难险阻，勇担时代使命。作为后备力量，希望能有更多的有志青年选择到祖国最需要的地方去。每一个人都拥有在基层发光发热的巨大潜能，也肩负着建设国家、建设家乡的光荣使命。“青春会因磨砺而出彩，人生将因奋斗而升华”，还记得在 2020 届毕业典礼上，曾作为援疆干部在新疆工作八年的对外经贸大学校长夏文斌，深情寄语学子们：“相信不屈不挠的努力，相信义无反顾的追求，追你们的梦想，做最好的自己。”我们有幸生在这个伟大的时代、伟大的国家，更有幸成为新时代的追梦人，望你我都不忘初心、不负韶华！

高金雨：做雪域高原绽放的“格桑花”

在雪域高原有一种很普通的花，风越狂，身愈挺；雨愈打，叶愈翠；日越晒，花愈艳。这就是寄托了藏族人民期盼幸福吉祥美好情感的格桑花；在惠园，也有这样一颗小小的格桑花“种子”，乘着西部计划西藏专项的东风，飞向高原，落地发芽，他就是高金雨，一名志在雪域高原绽放青春的贸大学子。

愿做格桑花　不怕风雨打

高金雨是国际经济贸易学院2015级经济学荣誉学士实验班专业本科生，在校期间，他曾任校大学生创新创业中心秘书长、国际经济贸易学院体育部副部长、校羽毛球协会副会长等职务，也曾获“首都大学、中职院校‘先锋杯’优秀基层团干部”“对外经济贸易大学优秀学生干部”“国际经济贸易学院优秀学生干部”等荣誉称号。优异的学习成绩，光鲜的社团履历，按部就班在北上广这样的一线城市走上工作岗位，对高金雨来说本应是再自然不过的事了，可是他却放弃了别人眼中“人生赢家”的剧本，选择了“hard”模式，在2019年7月参加了西部计划西藏专项，在西藏自治区纪委监委法规室开启了自己的职业生涯。

2019年5月，一份西部计划宣传海报映入了高金雨的眼帘，“到西部去，到基层去，到祖国和人民最需要我们的地方去”，朴实的话语深深地打动了高金雨。在高金雨的心中，他是祖国母亲辛苦培养出的大学生，他有责任也有义务到祖国和人民最需要的地方，去奉献自己的力量，所以他义无反顾地火速报名了西部计划西藏专项，一心想要让青春在雪域高原绽放光芒。可当高金雨和家里人坦白自己的计划时，得到的却无一不是反对的答案：“海拔那么高、离家那么远、条件那么艰苦，你去西藏干什么？”家人的不解与反对，让高金雨感到迷茫，让他不禁一遍又一遍地叩问自己的内心：“我到底想要做什么？”那段时间，亲情的羁绊和家人的担忧无时无刻不让高金雨感到忧虑和牵挂，可是当高金雨再一次看到西部计划西藏专项的宣传片，看到那些百姓灿烂的笑容，看到前辈们脸上露出的喜悦时，他还是坚定了信念，毅然决然地选择了高原，选择了西藏，并在和父母彻夜长谈之后，最终说服了他们。

开足马力　挑战“hard”模式

“选择西藏不仅仅是出于对雪域高原纯洁、自由的向往，更是因为想要去最艰苦的地方奉献自己的青春，越是艰苦的地方往往学到的越多，越能得到锻炼。”

2019 年 7 月，经过了层层选拔，高金雨终于如愿以偿地踏上了开往“日光城”拉萨的列车，并被选拔到了西藏自治区纪委监委政策法规研究室工作。高金雨所在的部门主要负责为自治区纪委监委和委主要负责人起草重要稿件，初到岗位的高金雨一步一个脚印，先从“内勤”做起，从最基础的公文流转学起。虽然高金雨在工作时小心谨慎，可初来乍到、专业不算对口的他还是避免不了出现各种小失误。比如，在校对一篇发言稿时，高金雨并没有察觉文稿中专业用词方面的错误，这个问题在同事进行二次校对时被发现，高金雨深感自责，觉得是自己的工作没有做好，但同事们非但没有责备他，还耐心地为他讲授相关的专业知识。在后来的工作中，每当高金雨有什么问题，部门领导们也总是“手把手”地对他进行指导，高金雨觉得自己非常幸运，“这些良师益友般的同事为我在西藏的工作和生活提供了莫大的帮助，也为我的人生道路提供了重要的指引。”

2019 年 11 月，高金雨被部门安排参加赴日喀则市、阿里地区的调研工作，这是他第一次深入基层去了解西藏，也是他第一次在高海拔地区感受到了危险。面对气候干燥恶劣的高原，连日奔波劳顿的高金雨开始发烧感冒，就连休息时也只能吸着氧气入睡，终于，在平均海拔 5 000 米以上的日喀则仲巴县，高金雨产生了强烈的高原反应，一度非常危险，但是和他同行的同事们并没有放弃他，而是整晚守在他身边，直到第二天高金雨的身体情况好转。

多彩青春　就是要奋斗着过！

“一路的走访调研让我深深地感受到了基层工作的不易，也让我更加坚定了扎根西藏的决心。”

结束调研的第二天，高金雨便作为文字材料组成员开始参与自治区纪委九届五次全会的筹备工作。经过几个月的不断学习与历练，他在工作中逐渐成长起来。全会筹备期间，高金雨的工作状态变成了“五加二、白加黑”，一周七天班，每天加班到十二点以后已经成为他的日常，面对繁忙的工作，高金雨没有丝毫懈怠，并最终和部门同事一道，圆满完成了全会的筹备工作，得到了领导的一致好评。高金雨表示，当看到自治区纪委全会胜利闭幕的时候，他的自豪感和幸福感油然而生。

2020 年 3 月，高金雨被调入了自治区纪委监委法规室，经济学专业出身的他面对严谨的法规工作毫无头绪，一切都要从零开始，从头学起。在相关部门领导的帮助下，高金雨一边学习，一边尝试起草法规制度文件，渐渐适应了法规室的各项工作，陆续参与起草了多份自治区纪委监委规范性文件，并参与开展自治区纪委监委规范性文件清理工作，牵头编写了自治区纪委监委规范性文件汇编。

携手高原　我和西藏有个约定

大学期间便兴趣爱好广泛的高金雨在工作之余也不忘彰显“快乐生活家”的乐观本色，他经常积极参与单位组织的各类活动，每周四下午单位足球比赛的现场，都能看到他矫健的身姿。他还在国庆 70 周年之际参与单位的演讲比赛并荣获头名，并积极参与单位组织的植树活动，在雪域高原留下了自己种植的小树……

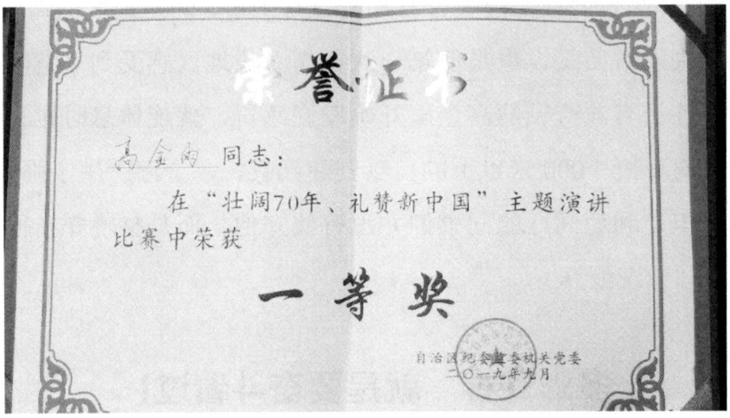

一年多的时间，高金雨经历了很多，收获了很多，也学到了很多。正如踏上进藏列车时他提笔写下的那句话"如果你想拥有你未曾拥有的，那么你就必须去经历你从未经历过的"，高金雨表示，扎根西藏，奉献青春，他无怨无悔，在未来的人生道路上，他也决心在雪域高原，继续做一朵普通的格桑花，绽放自己的绚丽青春。

风雨携手见彩虹

学霸宿舍：虹远 5095，好闺蜜齐进取

记者　邱鲲旭

来自金融学院的四个 2015 级女孩的存在让 5095 成为当之无愧的“学霸寝室”。毕业季也是她们的收获季，陶夕佳、杨玥两人均被哥伦比亚大学录取，卜洁星获得香港中文大学（深圳）优先录取奖学金，而潘青荷被卡耐基梅隆大学录取。贸大四载，她们一路走过，留下的是拼搏的回忆，带走的是满意的成绩。

如果用一种特定的模式来划定 5095 四个女生的经历，你一定不能成功。陶夕佳一进大学第一件事就是找图书馆，学霸属性从大一开始就展露无疑；开朗外向的潘青荷会带着舍友找各种好吃的，每次宿舍团建都得靠她来拿主意；卜洁星作为学院分团委副书记，负责学术科研、社会实践、团员推优等方面的工作；杨玥的科研经验非常丰富，这在最后申请学校的过程中甚至成为她的一大加分项。

虽然作息时间不完全一致，性格各异的四人却从未因冲突矛盾大动干戈。“有事当面说”是她们维持友谊的法宝。一旦有问题、有意见，大家都会一同说出来找解决方案。有一次，有位室友起得特别早，出门风风火火，动静喧天，好不热闹。晚上回来大家便半开玩笑地送给了她“装修队队长”的名号，也坦诚地提出了希望她能降低音量的意见。对于她们来说，寝室是一个能在学习之外提供放松和调剂的地方。“我们不能在一块在宿舍学习，因为大家感情太好太健谈了，连说句话还会分捧哏逗哏的。”几个女孩笑着说道。

四人最终都不约而同地选择了到国外大学体系中深造，但陶夕佳应该是最早定下这个目标的。早准备、早打算的她，用自己高度自律的学习生活习惯把出国的准备任务平均分摊到了大学四年，多了一份走一步看一步的从容淡定，少了一份临时准备的兵荒马乱。她谈道：“保研和出国的区别其实也不是特别大，最核心和本质的要求还是把成绩维持在较高水准，成绩好选择面就广。”

榜样的力量激励人走得更好。潘青荷提到，自己获益于在大一暑假参加的一个由教务处办的德法学习交流夏令营，在全天候相对统一的行程中见识到了他们优秀成熟的自主学习习惯，结识了来自各个学院的许多优秀的同龄人。有趣的是，当时正值出成绩的时候，看到别人都拿着 4.0、3.9 的绩点，在“打击”中，她也跟自己暗中较劲，立志要利用后面的几个学期把成绩一步一步地提升上来。

优秀的同伴鼓舞人走得更稳。卜洁星加入的分团委组织中优秀者甚众，给她带来了潜移默化的影响；她加入的另一个学生组织——校广播站，则像一个温暖的大家庭，在这里可以充分发挥自己的兴趣爱好，给她带来了独一无二的归属感。平日里，她也会选择和同伴一起学习，共同进步。在互相帮助、暗中关注中获得持续前进的力量，这是她的心得体会。

不会为了刷绩点而选择很多水课，也不会为了保研而刷一些加分的项目，杨玥作为一个忠于内心的人，一直都选择自己真正想追求的东西。在被问起“这样做会不会觉得比较吃亏”时，她答道：“如果一直在做喜欢的事，便不会有这样的感觉。”她举例说，如果全部选择好拿高分的水课，就算把 GPA 提高了，如果缺乏扎实的知识功底，到下一个阶段仍然竞争不过别人。

在贸大求学四载，四人都对惠园有着深刻的印象。首先便是贸大提供了很多交流的机会。或是日本，或是德国，或是加拿大，从学院、系里组织的交流项目，到国际交流中心和教务处举办的海外交换机会，贸大提供了无数既有意思也有意义的机会。无限的可能性也是贸大的另一种特质。选课可以跨专业通选，想创业有专门的团队指导和资金支持……精彩不设限，这样自由的氛围也感染着每一位贸大学子。

最后，她们给学弟学妹们的寄语是：寻其所爱，不留遗憾。愿每个人都能和她们一样，找到自己喜欢的事，完成一些今后的自己会从中获益的事，做一些过了这个年纪就不会做的事。青春不散，你我不离。学士服的留影和毕业散伙饭都不能阻止这个宿舍的所有人，日后在不同的时区、不同的角落散发着各自的光芒。

学霸宿舍：汇智 331，共荣辱同进退

记者　何婧璇

汇智 331 位于宿舍楼内楼梯口，时会被来往的喧闹声叨扰。但四年过去，这些叨扰并未妨碍苟迪聪、刘业欣、方宇畅和许瑞四位优秀的贸大人在此成长。同为英语学院 2015 级的本科生，他们四人的发展方向并不相同。苟迪聪、刘业欣、方宇畅分别保送至对外经济贸易大学、北京理工大学和中共中央党校攻读研究生，许瑞将赴中国银行青岛分行参加工作。

虽然来自全国不同的地方，331 的男生们相处起来非常融洽，四年来从未发生过矛盾或争吵。刘业欣笑着说舍友督促他改掉了一些生活上的坏习惯，在学习上也时常你追我赶、相互鼓励。许瑞也提到，在宿舍一起讨论学习的效率很高。他虽然很少主动发起讨论，但时常加入舍友们的学习交流和学生工作经验分享。宿舍这方天地承载着

他们的青春，舍友间和谐的氛围影响着他们，促使他们共同成为更优秀的人。

如果找一个词语来形容331四位男生的共同点，那一定是“认真”。狮象搏兔，皆用全力。对于大学生活的方方面面，无论是学习还是社团活动、体育训练、兴趣爱好，他们都笃实对待。

331的数学学霸刘业欣，在上国际贸易课程的时候，用自己查阅文献习来的方法构建数据和模型，研究中国双边货物贸易的潜力，最终写成一篇8 000字论文。此后，在该课程任课老师李丽的鼓励下，他又反复修改，将该论文发表于《金融与经济》杂志。而令人意想不到的是，这篇论文最初只是一份期中作业。“当时许多同学没有正式写论文的经验，焦头烂额，但我抓住这次机会，查阅大量文献资料，主动学习。”刘业欣回忆起他的论文发表经历时说。正是对于每次作业绝不含糊的态度，让他一次次有机会自我充实，为学业成就打下坚实的基础。

“接任了社团职位就有一份责任在那里，虽然很累但必须坚持去做。”许瑞曾担任蚂蚁车协实践部部长，为他热爱的车协付出许多精力。“车协有很多让我非常敬佩的前辈，他们教会了我‘做事认真’和‘守时’。开会哪怕迟到一分钟，也要向大家说明理由；拉练迟到一分钟，就不被允许参加了。我把守时的习惯也带到了生活中的其他地方。”

院排球队训练时间是四点半到六点半，但方宇畅有时训练到体育场关门才离开。“我的体育天赋没有特别高。”方宇畅坦然说道，“我很努力地去训练、打比赛，但是有些人比我更有悟性。”不是天生的体育健将，但他心中的热爱和坚持促使他把排球训练当作课表上的一门课对待。“在我心中，训练的序位比出去玩高。出去玩之前，我会告诉朋友我有训练，要先把这件事完成。”体能和天赋虽有高低，但在勤奋认真这件事上，方宇畅交出了最优秀的答卷。

苟迪聪的兴趣爱好是听英文歌曲和看电影，“我是因为初中的时候听英文歌开始对英语感兴趣的。”每次在歌词中遇见不认识的单词，他都会查词典，并用这种方式扩展词汇量。钻研自己的爱好，是一种认真；将爱好发展为专业，是一种积极。选择继续在商务英语专业深造的苟迪聪，让我们看到了他从一而终的坚持。在采访的最后，他笑着说：“我一点毕业的感觉都没有，还在准备双学位考试，并且已经开始选研究生的课了。”

青春还在路上，从未停步。此时的毕业，其实是下一段人生的开启。“驾驭命运的舵是奋斗。不抱有一丝幻想，不放弃一点机会，不停止一日努力。”真正成就他们未来的，是青春背后不懈的奋斗。相信认真负责的优秀品质将一直与他们相伴，积极面对人生的态度将一直与他们同行。也相信前行的路上，他们会继续绽放光彩，完成心中的目标和理想。

博学笃行，不负青春。

"惠园姐妹花"张晓晗　张晓婧：陪伴，是彼此最好的礼物

记者　朱雨欣

姐姐张晓晗，国际关系学院2015级国际政治（公共外交方向）专业本科生。年级排名第一，多次获得一等奖学金，曾任校学生会学术实践部部长，大三时前往波兰华沙经济学院交换学习。曾于重庆市政府、南南合作促进会、英国救助儿童会实习；曾赴巴厘岛参与国际义工英语教学项目，志愿时长280h+；将于2019年9月前往伦敦政治经济学院学习公共政策。

妹妹张晓婧，国际经济贸易学院，2015级国际经济与贸易专业本科生。曾获校级二等奖学金，曾任高数助教、助学发展中心部长、本科招生办助理，大三时前往荷兰汉恩大学阿纳姆商学院交换，曾于上市传媒品牌咨询部以及Kelly Services公司实习，现已被阿姆斯特丹大学商学院录取并获全额奖学金。

缘分就是这么奇妙，姐妹俩差不多同时来到这世界。大学四年后，也将同时走出贸大校园去看外面的精彩世界。

"每次犯错误，妈妈都先会骂姐姐""我俩明明长得差不多，大家却都说姐姐比我好看"……这样的"互怼"是这一对双胞胎姐妹花再日常不过的对话。但在这相互"嫌弃"的背后，张晓晗和张晓婧姐妹不仅双双名列前茅，她们更是彼此最大、最不可缺少的依赖。

作为双胞胎，除了相近的样貌，姐妹俩的学习和生活方式也有许多相似之处。在学习中，姐妹俩都靠"定心"来克服学习中的瓶颈。"文科生"姐姐坚持每天静下心来读书写心得，而"理科生"妹妹则坚持刷题，延续了高中整理数学错题集的学习方法，

把每一道有价值的错题都整合起来。此外，姐妹俩还一直坚持着一个习惯——写日记。从小时候老师和家长强迫，到逐渐变成一种总结自己和规划生活的习惯，日记已成为姐妹俩生活中的“必需品”。“就算没有时间写，也会在脑子里面整理一遍每天自己要做的事情。”坚持规律生活、重视自我总结是姐妹俩取得优异成绩的“法宝”。在生活中，不论白天是在上课还是实习，热爱运动的姐妹俩每周都会坚持晚上八点在操场跑步 5km。“运动是一种很好的解压方式，完成打卡能给自己带来满足感，减少工作和学习中的失落情绪，”妹妹说道。

在享受共同爱好带来的快乐的同时，姐妹俩也一同面对着生活中的压力。姐姐当初面对着许多人的不解，以高分报考了贸大这所财经外语类高校的国际政治专业。她一直认为，经济与政治不分家，所以选择贸大国关，也是一个很好的国际关系学习切入点。只需要坚持认真做自己喜欢的事情，其他的声音并不重要。不同于姐姐的释然，妹妹初到竞争压力大的国际经济贸易学院时十分迷茫，面对优秀的身边人，她不知道如何突出自己的优势。但当发现自己的目标与其他人并不一致时，她选择通过试错和实习找到自己的方向。在实习的过程中，她爱上了咨询，专注于分析，即使加班也乐在其中，享受着充满挑战和增长知识的每一天。

关于为什么会同时考入对外经贸大学，她们说道：“一同报贸大是特意的，因为我们不分开。”从小一起成长的姐妹俩的成长路上最重要的关键词之一就是陪伴。不论是否同在一地，姐妹之间的关切之情也足以跨越时间和空间的距离抵达对方的身边。学习和工作中遇到困难，她们依旧会相互鼓励、相互安慰。“我考 GMAT 时特别艰难，当我第四次考试成绩通过时，我笑着给姐姐打电话，结果她却哭了。”出国交流的半年是两个人真正意义上的一次别离。而在此之前两个人的生活轨迹从来没有完全分开过。当二人在不同的陌生国度独自生活，每每遇到困难习惯性地拿起手机想要联系彼此时，却发现相距千里的彼此能为对方提供的帮助少之又少。“这是我们的‘第一次成长’。”

然而，短短半年的交换学习却影响了姐妹俩的未来选择。在经历了交换学习后，国外的生活方式、人文环境和教育理念都深深地吸引着姐妹俩。综合考量后，姐姐放弃了校外保研的机会，与妹妹一同选择了出国留学的道路。而妹妹更是继续选择了交换学习时就读的阿姆斯特丹大学商学院，并且获得了全额奖学金。她们希望出国学习能帮助她们接触到更广阔的圈子和拓宽眼界学识。对于即将到来的异国独立生活，姐妹俩既紧张也期待，希望能以最佳的姿态去应对未来。

作为“过来人”，姐妹俩也对学弟学妹们提出了建议。“GPA 决定了选择的权利，”姐姐特别强调认真学习专业知识的重要性，“尤其是对于想选择继续读研深造的同学来说，获得优秀的成绩非常重要。”此外，妹妹张晓婧表示，在大学中，找到自己喜欢的东西，不追求范式，才能在自己的领域有所擅长。“大学中的评比方式有很多，每个人都有自己的闪光点，成绩、学生干部、实习这些都是评判标准，却都不是唯一衡量。”

一人学政治，一人学经济，惠园四载，她们一路相互扶持、共同成长。她们是彼此的一面镜子，亦是彼此最温暖的存在。她们不曾缺席彼此重要的时刻，陪伴，是她们给予彼此最好的礼物。

7086学霸宿舍：同舟远航，共绽芳华

记者　王　淇　王　虹

“远航有你不孤单”，这句话曾经是虹远7086宿舍五位女孩在竞选优秀宿舍时的口号，如今也是她们对彼此最想说的话。四年来，车晓雅、王思聪、李沛歆、杨艺涵和陈思琦五个女孩一起笑一起闹，相互包容，互相成就。在这段最珍贵的惠园时光里，彼此的相伴是她们最美好的记忆。

虹远楼有近1 000个宿舍，每道深棕色的木门背后都上演着各种故事，而7086宿舍则因为这五位女孩漂亮的成绩妥妥地成了“学霸宿舍”。王思聪保研至北京大学光华管理学院，李沛歆保研至北京大学经济学院，杨艺涵和车晓雅都保研至本校金融学院，陈思琦则被哥伦比亚大学金工专业录取。除了学习成绩名列前茅，她们在其他方面也不落人后：王思聪曾担任UIBE咨询投行俱乐部主席、班级学习委员和《金融方舟》的

编辑；李沛歆学术能力强，曾担任南方科技大学工程技术创新中心政策所和清华大学国家金融研究院与发展中心的助理研究员，还在 SCI 上发表了论文；陈思琦曾在多家证券公司实习，在校时还担任老师的科研助手并参与课题讨论；杨艺涵是和车晓雅都是党员，杨艺涵担任班长，车晓雅是学院志服团部长。

时光与笑声

采访前，初看 7086 宿舍的资料，笔者惊叹于五个女孩优秀的成绩和能力，但在采访结束后，最令人印象深刻的还是她们萦人心怀的笑声。四年时光如流水淌过，忆起共同度过的上千个日夜，她们随时都能从中捞起某件趣事，或者某句逗人捧腹大笑的话。她们会惩罚忘记打扫卫生的同学，给她颁发流动“黑旗”，会在买了新衣服后在宿舍集体走秀，也会互相开玩笑整蛊对方……如今忆起，这些宿舍生活里的搞怪小事就像在平静水面上偶尔跃起的淘气小水珠，扑通一声落在她们的心海里，荡漾开来，全是温暖。

五位女生的性格各有特点，但她们都有一个共同点——温和可亲，懂得照顾彼此的感受。宿舍长车晓雅是个活泼开朗的追星女孩，同时也被舍友们戏称为“欢乐版老母亲”，因为舍友们总会听到她无时无刻、无处不在的提醒，从吃饭到睡觉再到起床，事无巨细。杨艺涵性格文静，喜欢写诗，院刊几乎期期都可以看到她的诗作。陈思琦总是开朗乐观，善解人意。李沛歆和王思聪都是学霸，性格沉稳却并不沉默寡言。她们身上都有着相似的幽默细胞，偶尔被激发就能引起阵阵欢声笑语。

在共同度过的四年里，女孩们没有闹过任何矛盾，7086 宿舍之所以有令人艳羡的宿舍氛围，是因为她们认为“每次有什么事说出来就好了”。生活在小小的二十平方米空间里，难免会有一点小摩擦，这时“说出来”就能解决问题。“遇事先商量多沟通，大家都是好朋友”，欢乐和睦的氛围无论对生活还是对学习都会有极大的帮助。

行路与陪伴

宿舍的姐妹是朋友，亦是前行路上的良师。

“三人行，必有我师焉。”一开始，7086 的女孩们并不全是那么完美的学霸。王思聪、李沛歆成绩稍靠前，而陈思琦、车晓雅和杨艺涵则要稍微落后一些。车晓雅回忆起当时的心路历程——“我不能掉队，要和大家站在差不多的水平线上”，正是这种“不能掉队”的心态，激励着她们一起前进。五位女生都有自己的规划，对于短期规划，她们有记录自己的日程以进行活动安排的习惯；对于长期规划，她们在探索中总结经验，逐渐靠近适合自己的方向。她们会在课后一起讨论问题，一起去图书馆，一起复习，一起猜期末考试的重点……

谈到互相之间是否会存在竞争心态时，五个女孩都一致地说“没有很强的竞争心态，最多也就是评选奖学金的时候有一点竞争。”王思聪说到，适度竞争压力的存在有助于提高宿舍整体的学习积极性，这是一件好事，但如果有宿舍出现因为竞争关系而影响宿舍氛围的问题，宿舍成员要首先调整好心态，“多注重自我的提升，少关注外界的干扰。”在学习之路上互相“取经”，互相成就，宿舍的伙伴会成为我们成长路上最好的朋友。

远方与风帆

在提及对自己专业的认识以及个人的未来规划时，李沛歆说起了自己的一段往事。高考结束时她一心想学化学，无奈与家人的意见不同，这个听话的女孩选择了报考自己并不喜欢的金融专业。但是，不喜欢金融并不妨碍她学好金融，“喜不喜欢和能不能学好是两回事”，学习时尽力学好，转专业、找实习、保研考研都有机会接触到自己喜欢的领域。现在提高的每一分，攒下的每一个绩点，都在为日后的选择做准备。现在，她选择了深耕于金融，并往自己感兴趣的方向扩展。在实习时，她担任过清华大学国家金融研究院与发展中心绿色金融组和南方科技大学工程技术创新中心的助理研究员，并渐渐明确了自己日后的研究方向——“绿色金融”。也正是金融这样一门极富包容性的学科，让她串联起自己的兴趣和专业知识，并最终学有所成。

关于学习，李沛歆也提到，自己并不是真正的学霸，多亏了舍友王思聪在学习上的督促才有了现在的她。“专注”是她用来形容王思聪的词，她们从大一开始就一起去图书馆学习。李沛歆回忆道：“大多数时候是她监督我，她在学习上太认真专注了。”

王思聪提到，她的大学生活主线是根据自己的兴趣，及早确定目标，并多试错。在刚刚进入大学时，她一度感到迷茫，于是决定把精力放到专业课学习中，从中找到兴趣点。在学习专业课程时，她对金融市场的实际运行产生了兴趣，因此进入了学院杂志《金融方舟》的编辑团队，关注财经时事，与朋友一起用课程知识解释资本市场的现象。纸上得来终觉浅，通过专业课形成基本知识框架之后，她决定通过实习近距离感受资本市场的魅力。从教学楼和图书馆到金融街，这样的尝试路径虽然让她遭受了不少挫折，也给了她更多机会。最终，在考虑过考研、保研、就业和出国各种方向以后，她最终选择保研至北大光华管理学院，继续在金融领域探索。

在准备申请保研的那段时间，深更半夜敲键盘改文书是常事，为此，王思聪没少“打扰”宿舍小伙伴的睡眠，也多亏了舍友的包容，让她能够在申请时少一些心理压力。

因为提前完成了申请保研的繁重任务，到了九月推免时，王思聪特别能体谅舍友杨艺涵和车晓雅这对“患难姐妹”的艰辛。杨艺涵和车晓雅两个人的成绩并不如李沛歆和王思聪那样出色，一开始也没有想过保研，到九月份推免时得知以各自的成绩“有希望”，于是，两姐妹抱着“试一试”的心态就开始准备了。申请保研的准备时间非常紧张，在短短的两周内需要完成复习以及准备面试等一系列繁重的任务，两个人时常凌晨两三点还在虹远大厅复习数学，身体和心理都承受着巨大的压力。

茶余饭后，王思聪、李沛歆和陈思琦就会在一旁鼓励支持她们。不仅仅是给予精神上的支持，同时也在行动上无私地帮助她们——帮忙修改面试简历、向车晓雅和杨艺涵传递自己的面试心得……凡此种种，无疑给她们打了一针“强心剂”。最终，两个人都如愿拿到了贸大的保研资格。

女孩们也不是从一开始就在学习上一帆风顺，陈思琦坦言，自己在大一时成绩一度处在年级中下游，直到大二才整顿好心态把学习追上来。她最想告诉学弟学妹们：“一定要踏踏实实的学习。”另外，无论是实习、读研还是出国，在各个方面要早做规划，多和前辈沟通交流吸取经验，在此基础上做出最适合自己的选择。虽然大一成绩不好，但是通过接下来三年的努力，陈思琦为自己争取到了赴哥伦比亚大学金工专业的深造机会，前路未知，她渴望去开拓一个崭新的未来，发现自己的更多面。

闲话过往，灯火可亲。四年来的朝夕相处在她们心里汇成了细水长流般的感动，前行路上，她们虽独立，但却并不兀自奋斗，而是相互扶持，相互理解，相互帮助。五个女孩儿都有过压力很大的时候，都曾遇到各种各样的困难，但只要回到 7086 看到还有家人在，便会心生温暖，因为那里始终有人给她们支持。

毕业在即，女孩们都要奔赴远方，绽放自己的青春芳华，但是她们会永远记得那句“远航有你不孤单”，会永远记得 7086 宿舍里那些一辈子的朋友。

跋

你还记得吗？走在深秋的惠中大道上，春天冒出的绿叶已酿成满目金黄，颀长的树影和沙沙叶片摇曳开一段过往的记忆。那个同样的初秋早晨，你带着一颗稚嫩的种子，在这惠园一隅播种，那时候你的眼中还闪着一丝犹疑，但你还是坚定地扎进了名为未来的道路。你在夏天的情人坡上看鸽子飞旋鸭鸭扑棱翅膀，坡地的草尖上还残留着朝露的光芒，你在湖边大声朗读背诵，每一个清晨都有你的朗朗声响。冬天的步伐临近，惠园雪落苍茫，你哈着热气，在图书馆的靠窗座儿上抱着热水杯取暖，一本一本啃下专业书籍。然后春天来了，宁博线上多了奔跑的身影，你的心和回暖的天气一样雀跃。

你在这里播种，你在这里收获。春夏秋冬，日日月月，或长或短的记忆乐谱上跳动着你的名字，你的名字是惠园少年。

你从这精致的惠园土地上走出去，带着每一个年岁轮回种下的希望，带着每一声殷切的嘱托，带着沉甸甸的知识和收获走出去，走向风云的辩场，走向多变的金融律所，走向生机勃勃的 IT 行业，你还走进基层，走向创新。惠园少年，你告诉我青春有太多可能，充满生机的平台处处有你的身影。在中国的贸易、外交等舞台上，你是对外经济贸易事业的生力军，为中国的经济腾飞贡献自己的力量。

贸大建校 70 年来，始终坚持为国家建设添砖加瓦、为时代发展输送人才的办学目标，在中华民族伟大复兴的战略全局之下，立足中国大地，为党育人，为国育才，始终铭记培养高素质对外开放人才、服务国家对外开放战略、推进贸易强国建设的办学使命。

惠园少年，惠园的荣誉勋章都与你有关。因为你扎实的专业基础和优秀的综合素质，用人单位的赞誉让“贸大”人才品牌在就业市场上赢得了优良的口碑。近三年来，我校年终就业率连续达到 98%以上，在国内高校中名列前茅。金融、法律、审计、IT 行业以及政府机关是我校就业学生的主要流向。2019 年，我校毕业生中共有 613 人进入世界 500 强企业就职，约占就业毕业生总人数的四分之一。

在一代又一代惠园少年身上，不变的是年岁轮回，变化的是更加多元的青春绽放方式和更加广阔的发展舞台。你们带着对外经济贸易大学“博学、诚信、求索、笃行”的校训，继续在自己热爱的天地中散发出独特的光。

我们不会忘记在惠园的流金时光和一个个你，幸好文字可以捕捉你们的身影，你们或深造或创业或走向职业岗位，有太多的话语可以言说。在一个一个优秀的你身上，我们看到了未来更多的你。

贸大融媒体中心每年组织学生记者对优秀的惠园毕业生进行专访，用口与笔记录一个个年轻的惠园少年故事，以激励一年又一年的惠园少年，不负美好时光。在这里，我们将这些故事汇集成册，你可以看到惠园学子的成长故事，他们中有人怀着求学热情继续深造，有人怀着新生希望走向职场，有人怀着青春理想走向基层，有人怀着激情与梦想扎根西部……你可以寻得一些成长妙方，看看他们如何长成挺拔的惠园之树，从中汲取一些自己的养分，平整土地，播种时光，这或许是翻开这本书的最大意义。

凡所过往，皆为序章，待到来年六月，期待看到更多更好的你，共同执笔书写这惠园篇章。

融媒体中心

2021 年 8 月